Schlösser und Burgen

Fotonachweis:
Reichsburg Cochem GmbH, Cochem S. 7; Matthias Kordel, Trier, S. 8/9; Prof. Dr. Klaus Tiepelmann, Mürlenbach, S. 10/11; Verkehrsbüro Blankenheim, S. 12; Werbeverlag Möhn, Irrel, S.14/15; Verbandsgemeinde Wittlich-Land, Wittlich, S. 16/17; Landesmedienzentrum LMZ, Bild Nr. LU 67331, S. 18/Titelbild; LMZ, Bild Nr. LU 79739, S. 20 oben; Reichsburg Cochem GmbH, Cochem, S. 20/21; Günter Probst, Schloß-Hotel Kurfürstliches Amtshaus, Dauner Burg, Daun, S. 22/23; Fotokunstverlag F .G. Zeitz KG, Königsee, S. 24/25; LMZ, Bild Nr. LU 43919, S. 26; Verbandsgemeindeverwaltung Arzfeld, Arzfeld, S. 27; Dr. Eva Gräfin von Westerholt, Schloß Hamm, S. 28/29; Dieter Merzenich, Köln, S. 30/31, Stadt Heimbach, Skizze S. 31; LMZ Bild Nr. LU 69026, S. 32; Ortsgemeinde Kerpen, Kerpen, S. 34; LMZ Bild Nr. LU 40248, S.35; Gemeinde Dahlem, Dahlem, S. 36/37; Dr. Karl Grommes, Koblenz, S. 38/39; LMZ Bild Nr. LU 20958, S. 40 oben; Verbandsgemeinde Kyllburg, S. 40 unten; Kurverwaltung Manderscheid, S. 42/43; Verkehrsamt, Verkehrsverein e.V. Mayen, S. 44/45; Landwirtschaftliche Verwaltung Merode, Langerwehe-Merode, S. 46/47; Stadtverwaltung Trier, S. 48/49; LMZ Bild Nr. LU 67465, S. 50; Scheibler-Museum, Monschau, S. 52 unten; Verlagsarchiv Wartberg Verlag, S. 52 oben/53; Michael Theis, Neuerburg, S. 54/55; Stadtverwaltung Nideggen, S. 56/57; Marco Bilderdienst, Bonn, S. 58/59; LMZ Bild Nr. LU 72143, S. 60; LMZ Bild Nr. LU 68377, S. 62; Deutscher Kunstverlag München Berlin, S. 63; Richard Schaffner, Kordel, S. 64; Verkehrsamt Hellenthal, S. 66 oben; Kreisbildstelle Euskirchen, S. 66 unten; Foto Liebetrau, Hellenthal, S. 67; Dorint Hotel, Biersdorf am See, S. 68; Brigitte Arnoldy, Heilenbach, S. 69; Graf und Gräfin Beissel von Gymnich, Burg Satzvey, S. 70/71 oben/Rückseite; Kreisbildstelle Euskirchen, S. 71 rechts; Michael Usadel, S. 72 oben; Stadtverwaltung Schleiden, S. 72/73; Verkehrsamt Prümer Land, S. 74; Stadtverwaltung Stolberg, S. 76/77; Kurt Hentschel, Mannheim, S. 78; Josef Tietzen, Trier, S. 79 unten; Matthias Kordel, Trier, S. 79 oben; Stadtarchiv Trier, S. 80; Tourist-Information Trier S. 81 oben; Städtisches Museum Simeonstift, S. 81 unten; Tourist-Information Ulmen, S. 82/83; Les Amis du Chateau de Vianden, Vianden, S. 84/85; LMZ Bild Nr. LU 67598, S. 86; Matthias Kordel, Trier, S. 87;
Kartenausschnitte vervielfältigt mit Genehmigungen von: Landesvermessungsamt Rheinland-Pfalz, Nr. 191/98; Syndicat d'Initiative Luxemburg; Service culturel, Bruxelles, Belgique; Landesvermessungsamt Nordrhein-Westfalen.

1. Auflage 1999

Druck: Grindeldruck, Hamburg
Buchbinderische Verarbeitung: Buchbinderei Büge, Celle

34281 Gudensberg-Gleichen, Im Wiesental 1
Tel.: 05603/93050
ISBN 3-86134-482-3

Matthias Kordel

Die schönsten
Schlösser und Burgen
in der Eifel

Wartberg Verlag

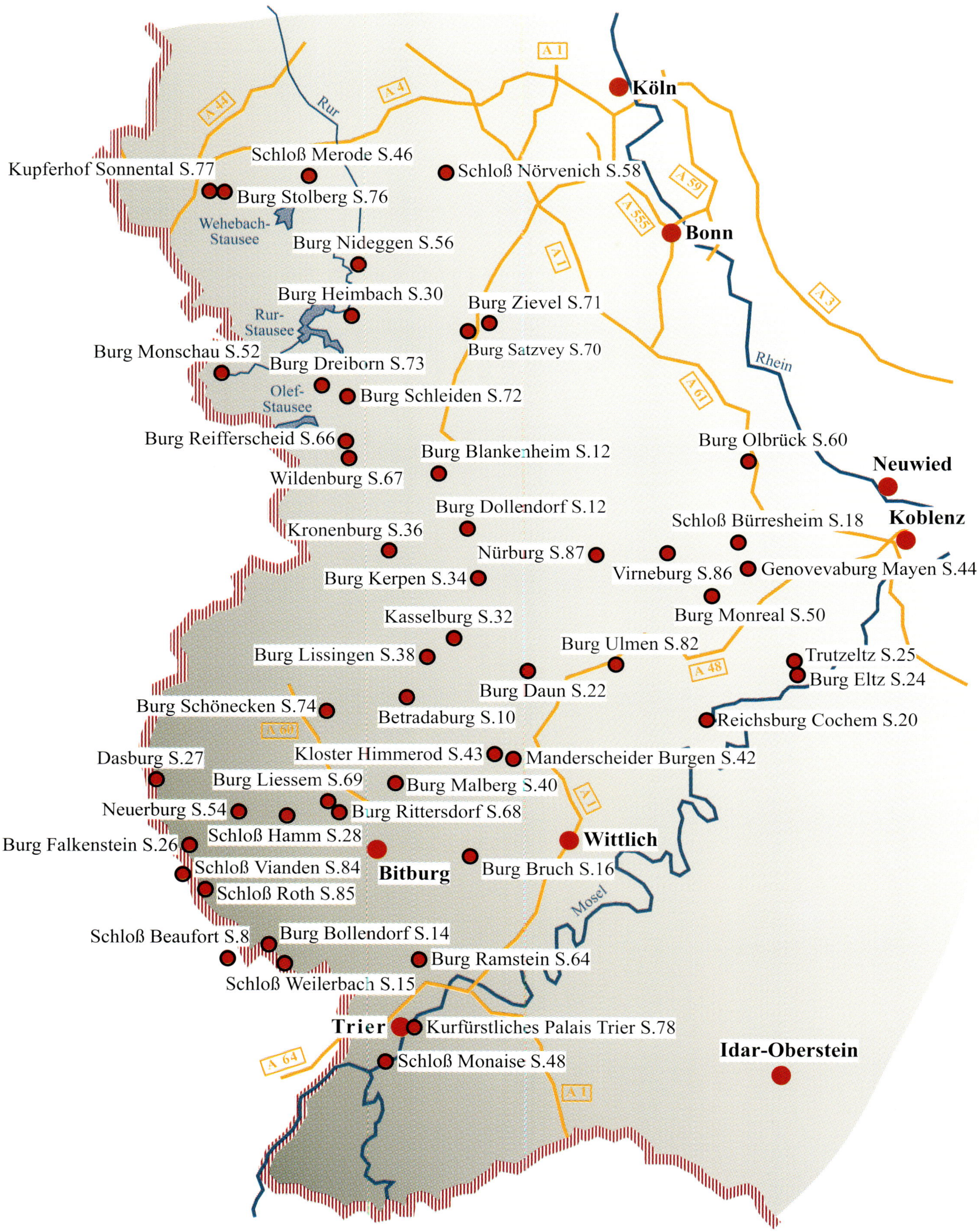

Köln
Bonn
Neuwied
Koblenz
Wittlich
Bitburg
Trier
Idar-Oberstein
A 1
A 4
A 44
A 59
A 555
A 3
A 61
A 48
A 60
A 64
Rur
Rhein
Mosel
Wehebach-Stausee
Rur-Stausee
Olef-Stausee
Kupferhof Sonnental S.77
Schloß Merode S.46
Burg Stolberg S.76
Schloß Nörvenich S.58
Burg Nideggen S.56
Burg Heimbach S.30
Burg Zievel S.71
Burg Satzvey S.70
Burg Monschau S.52
Burg Dreiborn S.73
Burg Schleiden S.72
Burg Reifferscheid S.66
Wildenburg S.67
Burg Blankenheim S.12
Burg Olbrück S.60
Burg Dollendorf S.12
Schloß Bürresheim S.18
Kronenburg S.36
Nürburg S.87
Virneburg S.86
Genovevaburg Mayen S.44
Burg Kerpen S.34
Burg Monreal S.50
Kasselburg S.32
Burg Ulmen S.82
Burg Lissingen S.38
Trutzeltz S.25
Burg Eltz S.24
Burg Daun S.22
Burg Schönecken S.74
Betradaburg S.10
Reichsburg Cochem S.20
Kloster Himmerod S.43
Manderscheider Burgen S.42
Dasburg S.27
Burg Liessem S.69
Burg Malberg S.40
Neuerburg S.54
Burg Rittersdorf S.68
Schloß Hamm S.28
Burg Falkenstein S.26
Schloß Vianden S.84
Burg Bruch S.16
Schloß Roth S.85
Schloß Beaufort S.8
Burg Bollendorf S.14
Burg Ramstein S.64
Schloß Weilerbach S.15
Kurfürstliches Palais Trier S.78
Schloß Monaise S.48

Inhalt

Vorwort

Von der Eifel, jenem nordwestlichen Teil des Rheinischen Schiefergebirges, der von den Großstädten Aachen, Köln, Bonn, Koblenz und Trier eingegrenzt wird, gibt es viele gute Publikationen über Burgen und Schlösser, doch manche bemerkenswerte Anlage wird der Leser leider vergeblich suchen.
Dies mag um so verständlicher sein, wenn man die Besitzverhältnisse betrachtet. Die Eifel war nie ein einheitliches historisches Gebilde, sondern stets Streitobjekt vier großer Herrschaften, der Erzbistümer Köln und Trier und der Herzogtümer Jülich und Luxemburg, deren Interessen sich hier trafen und überschnitten. Hinzu kamen noch die Interessen der Abteien und Klöster. Dazwischen lagen eine Reihe kleinerer Dynastien, so die Grafen von Arenberg, Blankenheim, Daun, Manderscheid, Reifferscheid, Schleiden, Ulmen, Vianden, Virneburg und andere, die sich gegen die Bestrebungen der Großen zu behaupten versuchten, sie unterzuordnen und in Lehensabhängigkeit zu bringen.
Malerische Schlösser, alte Burgen und Ruinen, oftmals weithin sichtbar, manchmal auch in Wäldern und Tälern versteckt, sind beliebte Anziehungspunkte. Um sie erlebbar zu machen, ist es ein besonderes Anliegen von Verlag, Autor und Fotografen, mit diesem Buch Geschichte in Wort und Bild lebendig werden zu lassen und gleichzeitig damit eine Reisehilfe zu verbinden. Ganz besonders danken möchte ich Frau Dr. Eva Gräfin von Westerholt, die Schloß Hamm selbst beschrieben hat.
Von den rund 400 Burgen der Eifel, die im Mittelalter zum Schutz als Wehranlagen erbaut worden waren, sind die meisten zerstört. Zunächst war Burgenbau königliches Recht. Schon die Merowinger vergaben Land als Lehen an Vasallen. Doch mit dem Tode Karls d. Gr. im Jahre 814 nahm die Zentralmacht der Könige ab, und mit der fortschreitenden Entwicklung, in deren Zuge sich aus Uradel und neuem Dienstadel (den Ministerialen) ein selbstbewußter Ritterstand entfaltete, war Burgenbau als Königsrecht nicht mehr durchsetzbar. Errichtet wurden somit die zahllosen Burgen als standesgemäßer Wohnsitz und auch schon mal als Jagdsitz des Adels, sie sicherten Flußübergänge, Straßen, Taldurchfahrten und Landesgrenzen. Auch dienten ihre Mauern dem Schutz der Bevölkerung vor Angriffen. Wuchtige Torgebäude, Zugbrücken, Gräben, Zwinger, Gußöffnungen (sog. Pechnasen) gehörten zu den Verteidigungsanlagen und wurden dem Stand der Waffenentwicklung ständig durch Umbau, Erweiterung und Verstärkung angepaßt. Der Bergfried, meist an höchster Stelle errichtet, war strategischer Ausguck und letzte Zuflucht. Repräsentationssaal, Keller, Küche und Schlafräume beherbergte der Palas (Herrenhaus), dem baulich die Kapelle zugeordnet war.
Nach Anfängen im 9. und 10. Jahrhundert lag der Höhepunkt des Burgenbaus in der Stauferzeit. Manche Burg sank unter dem Druck einflußreicher Landesherrn und aufstrebender Städte zu einem Raubnest, wurde zerstört und nicht wieder aufgebaut.
Doch mit der Entwicklung mauerbrechender Kanonen im 15. Jahrhundert verloren die Burgen ihre Wehrfunktion. Selbst stärkeres Mauerwerk und eigene Artillerie konnten die Entwicklung nicht mehr aufhalten. Immer mehr trat die Wohnfunktion in den Vordergrund. Die Wandlung von der Burg zum Schloß wurde stilistisch bald durch das Renaissancezeitalter beeinflußt, Wehrtürme und Wehrmauern wurden abgebrochen, Umfassungsgräben verfüllt und elegante Parks und Gärten angelegt.
In der Neuzeit änderte sich das Wesen der Baukunst: Repräsentation stand im Vordergrund. So wurden in den Epochen des Barock und Rokoko großartige Schlösser ohne jeglichen Wehrcharakter errichtet bzw. bestehende Burgen in Schlösser umgewandelt, und ihre Baumeister sind bekannt – im Gegensatz zum Mittelalter. Die Fassade gewann immer mehr an Bedeutung, und die Häufung plastischer Ornamente, Pfeiler, Säulen, Pilaster, Figuren u.a.m. verschafften ihr wuchtige Körperlichkeit. In der raffinierten Nutzung des Phänomens der optischen Täuschung wetteiferten die Architekten mit den Malern und Ausstattern. Doch das Ende dieser Ära markierte Frankreich mit dem blutigen Schlußakt, der Revolution von 1789, die Auswirkungen

über die Landesgrenzen hinaus hatte. In der dann folgenden Zeit entstanden kaum noch Schlösser, wohl aber einige schloßartige Anlagen von vermögenden Privatleuten.
Bitte erwarten Sie als Leser oder Betrachter dieses Buches keine umfassende Geschichtsdarstellung. Die hier zusammengestellten Monumente entstammen vergangenen Kulturepochen, doch stehen sie mitten in unserer Gegenwart als Forderung und Auftrag!
Der Verfall historischer Bausubstanz schreitet heute durch Umwelteinflüsse schneller fort als in der Vergangenheit. Sie zu bewahren und zu pflegen, wirft oft genug Probleme auf, doch aus der Einmaligkeit und der Unersetzlichkeit derartiger Zeugnisse erwächst uns die Verpflichtung und Verantwortung gegenüber den Erwartungen künftiger Generationen.
Dieses Buch soll daher einen Beitrag dazu leisten, unser kulturelles Erbe wachzuhalten.

Matthias Kordel

Reichsburg Cochem

Schloß Beaufort

Die Beauforter Ritterburg, im schönen Müllertal der sogenannten „Luxemburger Schweiz“ gelegen, steht als frühere Wasserburg auf den Resten der Grundmauern eines römischen Kastells, des „Castellum Belfurti“.
Im Jahre 1194 trat als erster Herr von Beaufort Walter von Wiltz und Beaufort urkundlich in Erscheinung. Die Echternacher Freiheitsurkunde des Jahres 1236 unterzeichnete neben vielen umliegenden Edelherren auch Heinrich von Beaufort mit. Die Herrschaft Beaufort starb früh im Mannesstamme aus und gelangte im 14. Jahrhundert an das Haus Orley.
Prunkvoll waren die Hochzeitsfeierlichkeiten, als 1348 Wilhelm von Orley die attraktive Adelheid von Beaufort heiratete. Weil den beiden die Burg zu klein wurde und ihren gewachsenen Ansprüchen nicht mehr genügte, setzte eine rege Bautätigkeit ein. Deutlich wird dies besonders im Wappen, wo man beide Häuser im Schild vereinigt dargestellt findet.
Und auch unter den Nachfolgern ging der Ausbau weiter. Zur Ostseite wurde die Burg erheblich vergrößert. Aus dieser Bauperiode stammen der Anbau neben dem Schloßbrunnen, der Wasserturm (man beachte besonders die Wappen an Gewölben und Kamin) und der untere Teil des Hauptturmes.
Kaiser Maximilian I. (1459-1517) konfiszierte 1477 die Herrschaft Beaufort, weil sich Johann von Orley eines Treuebruches gegen seinen Landesherrn schuldig gemacht hatte. So wurde die Burg durch den Kaiser anderweitig belehnt. Etwas später wurde Bernard von Velbrück durch Heirat Herr auf

Beaufort.
Als Oberamtmann und Ritterrichter vertrat er 1555 in Brüssel bei der Abdankung Kaiser Karl V. (1500-1558) den Luxemburger Adel.
Die Enkelin Bernhards vermählte sich mit Gaspard de Heu. Als treuer Freund des an der Spitze der aufständischen Niederländer stehenden Prinz Moritz von Oranien und Nassau ergriff Gaspard dessen Partei gegen König Philipp II. von Spanien. Dabei geriet er in Gefangenschaft, wurde des Treuebruchs und der Häresie angeklagt, verurteilt und 1593 auf Geheiß des Königs auf dem Luxemburger Fischmarkt öffentlich hingerichtet.
Wiederum wurde Beaufort konfisziert, und Philipp II. belehnte damit Peter Ernst Graf von Mansfeld, eine der markantesten Persönlichkeiten der luxemburgischen Geschichte in den Jahren des Dreißigjährigen Krieges.
Polyxena, die Tochter des Grafen von Mansfeld, hatte sich dem üblichen Zwang, bei dem die Eltern den Bräutigam aussuchten, nicht unterworfen. Sie setzte ihren Kopf durch, entfloh dem elterlichen Schloß und vermählte sich gegen den Willen ihres Vaters mit dem Mann, den sie liebte: dem schönen Jüngling Palamedes von Châlons.
Durch außergewöhnliche Kontributionen während der Wirrnisse des Dreißigjährigen Krieges entstanden der Herrschaft von Beaufort derart große Schulden, daß nur noch der Verkauf helfen konnte. In Anwesenheit vieler adliger Vasallen ihrer Majestät im Herzogtum Luxemburg wurde am 27. November 1639 das Anwesen mit all seinen „hauteurs, juridictions, noms droits et actions, biens censes et revenus et Grallem et toutes ses appartenances et dépendances" an den geadelten Johann Baron von Beck verkauft. Er war der letzte Ritter, der die Burg bewohnte.
Doch bereits 1646 begann er, sich dem gehobenen Wohnkomfort des Renaissancezeitalters anzupassen, und errichtete das „Neue Schloß", dessen Vollendung er nicht mehr erlebte. 1648 erlag er seinen Wunden, die er in der Schlacht von Arras erlitten hatte. Unter seinem Sohn Johann Georg von Beck erfolgte die Fertigstellung des Schlosses. Seit Kaiserin Maria Theresia (1717-1780), durch ihre Heirat mit Franz Stephan von Lothringen auch Herzogin von Luxemburg, im Jahre 1759 Beaufort zu einer Grafschaft erhob, tauchen durch Heirat stets über die weibliche Linie viele Namen auf.
Im Laufe der Jahrhunderte ist die frühere Ritterburg immer mehr verfallen, weil sie nicht mehr bewohnt wurde. Erst als der Besitz durch vielerlei Hände an Edmond Linckels gelangte und der nach dem Ersten Weltkrieg allmählich einsetzende Tourismus sich immer weiter ausdehnte, hat Herr Linckels Burgruinen und Schloß den Besuchern zugänglich und sich durch unermüdlichen Einsatz und vorbildliches Engagement auch für den Ort Beaufort verdient gemacht.
Die Schäden aus der Rundstedt-Offensive zum Ende des Zweiten Weltkrieges sind weitestgehend beseitigt, und seit 1981 ist das Schloß Eigentum des

Rundgang

Es ist schon ein besonderes Vergnügen, hier in die Geschichte einzutauchen oder gar eine interessante Führung mitzumachen. Wahrscheinlich wären auch die alten Ritter sehr erstaunt, wenn sie die vielen Besucher sehen könnten, wie sie mit Interesse die Zeugnisse einer längst vergangenen Epoche betrachten, die ihnen unter fachkundiger Darstellung präsentiert werden. Obwohl wir uns selbst so kein rechtes Bild vom Leben in diesem Zeitalter machen können, müssen wir aber zur Kenntnis nehmen, daß nur ganz selten Raubrittertum ihren Lebensinhalt bestimmte. Vielmehr waren die Burgherren Schirmherren und Rechtssprecher der ihnen unterstellten Gebiete.
Sie waren die Träger von Kultur und Sitte, sie besaßen zwar viel Macht, aber sie trugen auch viel Verantwortung.

Wegbeschreibung

Gleichgültig, welchen Weg man wählt, ist in Luxemburg das „Müllertal" in hervorragender Weise beschildert.

Bertradaburg

Besichtigung

Von Ostern bis zum 30. Oktober und in den Weihnachtsferien ist sie geöffnet.
In dieser Zeit wird sonntags um 15.00 Uhr eine obligatorische Führung durchgeführt. Weitere Besichtigungsmöglichkeiten und Führungen erfolgen nach Vereinbarung.
Die historische Weinstube „Prümer Urbar" bietet u. a. auch Weine aus den ehemaligen Besitzungen der Abtei Prüm.

Kulturveranstaltungen:

Mittelalterseminare, Ausstellungen, Theateraufführungen und Konzerte.

Die großartige Anlage auf einem Bergsporn oberhalb des Ortes Murlenbach im Kylltal ist eine Schutzgründung der Abtei Prüm gegen die nachbarlichen Herrschaften Densborn und Kurtrier. Mit ihren prächtigen Rundtürmen und dem prägnanten mittleren Torhaus bilden die Torburg (im Eigentum der staatl. Schlösserverwaltung Rheinland-Pfalz) und alle angrenzenden, größtenteils bewohnbaren Burggebäude mit den vorgelagerten ruinösen Bastionen (in Privatbesitz) eine Einheit. Die Burg entstand in einem Gebiet, das der vom fränkischen Königshaus gegründeten Benediktinerabtei Prüm gehörte. Ein Dickicht von Sagen und Legenden läßt die Burg in geheimnisvollem Licht erscheinen.
Hier soll Bertrada die Ältere mit ihrem Sohn Charibert gelebt haben. 721 gründeten sie von hier aus auch die Abtei Prüm. Chariberts Tochter, die Enkelin der Stifterin, hieß ebenfalls Bertrada. Sie war liiert mit Pippin dem Kleinen, und nach einer weiteren Überlieferung soll hier das Kind aus dieser Verbindung, der spätere Kaiser Karl der Große, geboren sein, über dessen Geburtsjahr (742, 747 oder 748) die Meinungen auseinandergehen. Pippin nahm 751 den Königstitel an.
Jedenfalls war Bertrada die Ältere die Urgroßmutter Karls des Großen († 814), und es mag schon verständlich erscheinen, daß die voreheliche Geburt hier in Mürlenbach erfolgt sein könnte.
1291 wurde Heinrich von Schönecken zum Abt von Prüm gewählt. Er gilt zwar als Erbauer, doch deuten Turmruinen und Mauerreste bergseitig darauf hin, daß

es sicherlich Vorgängerbauten aus dem 11. oder 12. Jahrhundert gegeben hat.
Die Abtei Prüm war reichsunmittelbar, doch versuchte das Erzbistum Trier schon im 14. Jahrhundert, das Herrschaftsgebiet der Abtei zu okkupieren. Der Kampf um die Selbständigkeit wird besonders in einer Urkunde des Jahres 1331 deutlich, in der Abt Heinrich „Matthias von Gunnenbrecht“ zum Burggrafen ernannte.
In dem Vertrag zwischen dem Prümer Konvent und dem Trierer Erzbischof Balduin von Luxemburg (1307-1354) heißt es u.a. schon sehr einschränkend: *„ ... bis zur Wahl eines neuen Prümer Abtes ...“.*
Unter den Auseinandersetzungen zwischen Abtei und den Erzbischöfen hatte die Burg immer schwer zu leiden.
Der fehdefreudige Erzbischof (1511-1531) Richard von Greiffenclau startete 1511 einen ersten bewaffneten Versuch, den Abt Robert von Virneburg mit seinen Mannen erfolgreich abwehren konnte. Zwei Jahre später, Abt Robert war inzwischen verstorben, zog der Erzbischof erneut mit seinen Truppen gegen Mürlenbach, um seine Macht über die Abtei Prüm auszudehnen; wieder vergeblich. Vor diesem Hintergrund ist dann auch der verstärkte Ausbau zur Festung zu sehen. Graf Wilhelm von Manderscheid, von den Konventualen zum Abt bestimmt und durch den Papst bestätigt, ließ 1519 die Burg mit schwerem Geschütz versehen, errichtete zwei Bastionen zur Bergseite hin und baute ein neues Tor an der Nordseite. Die damals angebrachte Inschrift „MORLEBACH, LAUS CHRISTI MULTUS COLLAPSA PER ANNOS, MANSIO SIT FORTIS REFUGISQUE DOMUS“ drückt vielleicht sein Vertrauen in die verstärkte Burganlage aus. Da er aber gleichzeitig Abt von Stablo (1518-1546) und Malmedy war, verfügte er doch über eine größere Verteidigungsmacht und, wie es heißt, *„mußten die Trierer abziehen, weil er Hülfsmannschaften von Malmedy herangezogen hatte“.*
Nach anhaltenden Streitereien zwischen Prüm und Kurtrier gelangte die Burg 1576 schließlich mit allen Besitzungen der Abtei Prüm doch an den Trierer Kurfürsten. Erzbischof (1581-1599) und Kurfürst Johann VII. von Schönberg ließ sich 1598 die Burg (wie der Schlußstein mit dem kurfürstlichen Wappen zeigt) zu einer unregelmäßig rondellierten Bergfestung ausbauen, die somit das ganze Flußtal beherrschte. Ein Blick durchs Burgtor bestätigt dies sehr eindrucksvoll.
Am „15. Germinal XII“ der neuen französichen Zeitrechnung, es war der 5. April des Jahres 1804, wurde die Burg für nur 6.150 Frs (= 640 Taler) versteigert und gelangte in Privatbesitz. Über viele Jahre hat man hier Bier gebraut, bis 1931 das Unternehmen in Konkurs ging.
Von einer Erbengemeinschaft erwarben 1976 Prof. Dr. Klaus Tiepelmann und seine Frau Brigitte die Burg mit Ausnahme des Torbaus. Wie sich zeigt, war dies ein Glücksfall: ist doch der Professor Präsident der deutschen Sektion Europäische Burgenstraße „Route Gottfried von Bouillon“, Mitglied der Deutschen Burgenvereinigung und der Deutschen Gesellschaft für Festungsforschung, und hat durch seine langjährigen und kostspieligen Restaurierungsarbeiten ein bemerkenswertes Beispiel für den Umgang mit unserem Kulturgut in der heutigen Zeit geliefert.

Alte Ansicht der „Tortürme“ um 1935

Wegbeschreibung

12 km südwestlich von Gerolstein, oberhalb des Ortes Mürlenbach, liegt in 350 m Höhe die Burg, weithin sichtbar im Tal der Kyll, eines in der „Schnee-Eifel“ entspringenden 140 km langen Nebenflusses der Mosel.

Burg Blankenheim

Burgruine Dollendorf

Das malerische Burgstädtchen Blankenheim, einst Stammsitz des mächtigsten Eifeler Edelherrengeschlechts, kann auf eine traditionsreiche Geschichte zurückblicken. Während mit dem erstmals urkundlich 1112 erwähnten Gerhard von Blankenheim nur über die Edelherren von B. die Rede ist, taucht der Name ihrer an der alten Römerstraße Trier - Köln gelegenen Burg gegen Ende des 13. Jahrhunderts auf. Ein Jahr nach der Hochzeit Gerhards IV. von Blankenheim mit Irmesindis, einer Tochter des Grafen Gerhard von Luxemburg, wird die Existenz der Burg in einer Urkunde aus dem Jahre 1273 genannt.

Ob der Ersterwähnte als Erbauer angesehen werden kann, liegt genauso im Dunkel der Geschichte wie die Anfänge des Edelherrengeschlechts. Und auch der Hinweis auf die Siedlung „Blancio“ aus der Schenkungsurkunde von 721, als Betrada, die Gattin König Pippins, diesen Besitz dem karolingischen Hauskloster Prüm vermachte, läßt keine gesicherte Aussage zu.

Doch der Burgplatz auf dem langgezogenen Bergrücken oberhalb der Ahrquelle mit seinem dreiseitig steil ins Ahrtal abfallenden Südende war gut gewählt. Nordwestlich und nordöstlich schuf man einen künstlichen Graben, trennte somit die Burg vom übrigen Hang und erreichte die Sicherheit, die im Verteidigungsfalle notwendig war; denn der Zugang war nur noch über eine Zugbrücke möglich.

Die recht komplizierten Veränderungen des Systems der Grundherrschaft samt deren Lehensbindungen zwischen dem 10. und 12. Jahrhundert mögen mit ein Grund für den unaufhaltsamen Aufstieg der Herren von Blankenheim gewesen sein. Weiterhin erwies sich auch die Verbindung mit dem Hause Luxemburg als recht günstig. Immerhin stellten die Luxemburger im 14. und frühen 15. Jahrhundert vier deutsche Kaiser und Könige. Dank der Beziehungen zu Kaiser und Kirche und ihrer Luxemburgischen Verwandtschaft mag es wohl kaum als Zufall anzusehen sein, daß 1380 König Wenzel die Herren von Blankenheim in den Reichsgrafenstand erhob. Mit dem erfolgreichen Aufstieg in die Hierarchie des Reichsadels betrachteten sich die Herren „de facto" nur noch dem Kaiser unterstellt, obwohl sie verschiedenen Lehnsherren Treueversprechen gegeben hatten.
Schwierige territoriale Machtverhältnisse – schließlich saß man ja zwischen den Fronten der Kurstaaten Köln und Trier und den Jülicher und Luxemburger Grafen – erforderten im 14. und 15. Jahrhundert einen bastionsartigen Aus-, Um- und Erweiterungsbau. Man integrierte auch den Marktflecken durch Befestigung mit Toren und Wehrmauern und verband so die Burg mit ihrer Siedlung zu einer Verteidigungseinheit.
1406 brachte der Tod Graf Gerhards VII. entscheidende Veränderungen in die Herrschaft von Blankenheim. Da ihm ein männlicher Erbe versagt geblieben war, heiratete Wilhelm von Loen Gerhards Erbtochter Elisabeth. Schon mit deren Enkel Wilhelm II. starb die Herrschaft im Mannesstamm aus, und so kam die Grafschaft 1468 über die Linie Schleiden an die Grafen von Manderscheid, die noch über umfangreiche Besitztümer verfügten. Mit ihnen begann für Blankenheim eine Blütezeit, die dem Territorium politisches Ansehen und wirtschaftlichen Wohlstand brachte, zumindest bis zur Mitte des 18. Jahrunderts.
Der Friede jedoch war unsicher. Entgingen Ort und Burg unter Graf Johann Arnold durch geschicktes Taktieren und Geldzahlungen den Zerstörungen des Dreißigjährigen Krieges, so sah man eine Verstärkung doch als notwendig an und baute auf der Unterburg den runden Geschützturm, von dem aus das ganze Tal abgesichert wurde. Ob von hier je geschossen wurde, ist zweifelhaft, denn es fehlen sichtbare Spuren, die bei Angriff und Verteidigung sonst erkennbar wären.
Barockes Hofleben entfaltete sich in den Friedensjahren nach dem Tode des Sonnenkönigs Ludwig XIV. (1638-1715). Gesehenes und Erlebtes wurde in Anlehnung an den Versailler Stil eingebaut und verändert. Graf Franz Georg ließ sich 1727/28 eine residenzwürdige Landschaft mit verschiedenen Terrassen, Fasanerie, Orangerie, Reitplatz, Ställen, Rasenflächen, Gärtnerhäusern und antiken Tempelchen schaffen, wie die erhaltenen Pläne noch zeigen. Damit war die endgültige Umwandlung von der Burg zum Schloß vollzogen.
Als im Herbst 1794 die französischen Revolutionstruppen vordrangen, floh die letzte Regentin. Gräfin Augusta von Blankenheim-Sternberg übersiedelte mit einem Teil ihrer Bediensteten nach Böhmen, zum Familiensitz ihres Gatten Philipp Christian von Sternberg. Als enteigneter Adelsbesitz entging des Schloß leider auch nicht den angeordneten französischen Vorhaben, wurde auf Abbruch verkauft und in vielen Jahrzehnten danach als Steinbruch benutzt.
1927 entstand aus den Ruinen der Hauptburg ein Turnerheim, das schon wenige Jahre später zur Jugendherberge umgebaut wurde. Nach einem langen Dornröschenschlaf und umfangreichen Renovierungsarbeiten liegt seit Ende 1996 der Nutzungsschwerpunkt wieder auf dem Jugendherbergsbetrieb, doch sind heute ebenso Familien willkommen. Mit Tagungsräumen und entsprechender technischer Ausstattung ist die Burg auch ein Standort für Seminare, Tagungen und Fortbildungsveranstaltungen.

Burgruine Dollendorf

In der Dollendorf Kalkmulde, etwa 7 km südlich des Blankenheimer Zentrums, liegt auf einem Hochplateau über dem Ahrtal der Ortsteil Schloßthal mit der Burgruine Dollendorf. Im „Prümer Urbar", dem Güterverzeichnis der Abtei Prüm, „anno verbi incarnati DCCCXCIII conscriptum", (im Jahre des Herrn 893 geschrieben), wurde schon ein Edelherr – „vir nobilis de dollendorpht" – genannt. Die „Vita Annonis" nennt einen Arnold de dollendorpht 1077. Und ebenfalls aus diesem Jahr stammt der erste „castrum" Beleg.
In der 2. Hälfte des 13. Jahrhunderts kommt es zu Auseinandersetzungen zwischen Kurköln und Luxemburg, unter denen die Dollendorfer sehr zu leiden hatten. Schwer verschuldet mußten sie ihren Besitz verpfänden. Als im 15. Jahrhundert die Linie der Dollendorfer ausstarb, wurde niemand mit den Erbteilungen so recht glücklich. Später führte das zu dem sogenannten „Dollendorfer Krieg" zwischen den Grafen von Salm-Dyck und Blankenheim, den letzterer 1742 für sich entschied.
Heute noch deutet die Ruine auf eine großartige Burganlage hin. Wegen ihres Aussehens nennt der Volksmund die gut gesicherten Baureste „FINGER GOTTES".
Ob diese Bezeichnung im Zusammenhang mit dem alten Kreuzweg zu sehen ist, der vom Ortsrand bis vor die Burgruine führt, ist nicht bekannt.

Wegbeschreibung

Über die beiden Bundesstraßen 51 und 258 ist Blankenheim, wo die Ahr im Keller eines darüber gebauten Fachwerkhauses entspringt, zu erreichen. Hinzu kommt noch die Autobahn A 1 mit der eigenen Anschlußstelle. Und der Bahnreisende fährt bis zur Station Blankenheim-Wald an der Eisenbahnlinie Köln - Trier.

Burg Bollendorf

Im Innenhof

Im deutsch-luxemburgischen Naturpark Südeifel, in unmittelbarer Nähe zur berühmten Luxemburger Schweiz mit ihren bizarren Gebirgsformen, erhebt sich auf einer Felsenbank über dem Sauerufer, am Ende eines abfallenden Wiesengrundes, dessen Wasser sich in zwei Fischteichen sammelt, die frühere Sommerresidenz der einflußreichen Äbte von Echternach.

Daß die Anlage sehr alt ist, belegt die Tatsache, daß man im Flußbett der Sauer Überreste einer römischen Brücke fand. Und weil sie zwischen der Römerbrücke und dem 1907 ausgegrabenen römischen Landhaus (1999 wieder rekonstruiert) liegt, kann man die Vermutung anstellen, daß es sich bei der ersten Burganlage um eine römische Brückensicherung gehandelt haben könnte.

718 wurde Burg Bollendorf erstmals urkundlich erwähnt. Karl Martell, der „Hammer" (714-741), Hausmeier des Frankenreiches, überträgt der Abtei Echternach den arnulfingischen Erbgutsanteil nebst seiner Bollendorfer Liegenschaften. In der Schenkungsurkunde vom 23. Februar heißt es u.a.:

„IN DEI NOMINE, CAROLUS, PRO DEI INTUITU ... VILLA QUE VOCATUR BOLLUNVILLA SIVE BOLLUNTHORP".

Außenansicht mit altem Turm

Von der Abtei Echternach zu Lehen vergeben, diente die Burg 450 Jahre lang Edlen, Adeligen, Ministerialen und Vögten als Wohn- und Amtssitz und war nach einer mittelalterlichen Beschreibung eine gut gesicherte Wehranlage. Im Norden war der alles umfassenden Burgmauer ein großer Wassergraben vorgelagert, und nach Süden, zur Sauer hin, thronten vier Halb-Rundtürme (leider ist nur noch ein Turm erhalten). Nach dieser doch sehr langen Epoche fühlten sich die Ministerialen schon als Burgbesitzer.
1173 sah Abt Gerhard keine andere Möglichkeit, als seinen obersten Schutzherrn um Hilfe zu bitten. Auf Druck des Kaisers sorgte dann Graf Heinrich IV. (in die Geschichte als „der Blinde von Luzelburg" eingegangen) für die Rückgabe an die Abtei Echternach. Weitere 450 Jahre später ließ Abt Peter Richard umfangreiche Erneuerungsarbeiten vornehmen. Die Maueranker im Giebel zeigen das Jahr 1619 sowie seine Initialen „P. R." und den Abtsstab.
Genau 120 Jahre danach, 1739, gab Abt Gregorius Schouppe (1727-1751) dem Bauwerk seine heutige Gestalt, erweiterte den Bereich um Wirtschaftsgebäude, Dienstbotenunterkünfte und Stallungen. Nach dem Baustil zu urteilen, hat in dieser Ausbauperiode der Jahre 1738-1739 auch hier der bekannte Architekt und Steinmetz aus Echternach, Sigmund Mungenast, seine Handschrift hinterlassen. Der lange Weg von der Burg zum Schloß ist damit endgültig vollzogen. Und wie üblich ließ er über dem Hauptportal für die Nachwelt folgende Inschrift einmeißeln:
„HOC CASTRUM FORIS AB INTUS TOTUM REFORMAVIT ET AMPLIFICAVIT GREGORIUS ABBAS AC DEKAN EPTERNACENSIS ANNO DNI 1739"
(Dieses Schloß wurde außen und innen umgestaltet und erweitert durch Gregorius Abt und Dekan von Echternach im Jahre des Herrn 1739.)
Nach der Enteignung durch die Franzosen 1797 wurden auch die Klostergüter Bollendorf nebst Burg versteigert und gelangten in den Besitz von Vincent Legier, der sie aber schon 1823 an Jean Pierre Lefort weiterveräußerte.
Die Franzosen legten mit ihren Reformen (wie beispielsweise von der Meierei zur Bürgermeisterei, oder vom Meier zum Bürgermeister) die Grundlagen unserer heutigen Verwaltung, die von den Preußen übernommen wurden. Und da Herr Lefort viele Jahre in Bollendorf Bürgermeister war, blieb auch die Burg weiterhin Sitz der Verwaltung. Eine Änderung brachte das Revolutionsjahr 1848, als am 30. und 31. März revoltierende Bollendorfer Bürger in die Burg eindrangen und wichtige Amtsdokumente, Mobiliar und Kunstgegenstände vernichteten. Leider ging damit wertvolles Kulturgut für immer verloren. Nach Leforts Tod 1854 blieb das Anwesen noch bis 1919 im Besitz der Erben, die es dann an die Familie Mongenast-Servais veräußerten.
1922 konnte das Kölner Ursulinenkloster die Burg mit ca. 44.000 m≈ Land pachten. Nur wenige Jahre war es den Ursulinen vergönnt, ihre Internatsschülerinnen in der Burg auszubilden. Über Nacht wurden sie von den Schergen Hitlers vertrieben. Diese richteten eine Lehrerinnen-Bildungsanstalt politischer Prägung ein, die erst kurz vor dem drohenden Ende des Zweiten Weltkrieges aufgegeben wurde. Nach Plünderung in den darauffolgenden schweren Jahren war die Burg dem Verfall preisgegeben, bis dann im Jahre 1964 Prof. J. Fischer das Anwesen erwarb und langsam mit der Renovierung begann.
1975 kaufte der Essener Architekt K.-H. Freund Burg und Gelände von der Familie des Professors und begann mit dem schrittweisen Ausbau zu einem modernen Hotelbetrieb nebst Ferien- und Freizeitenzentrum. Dabei hat Freund nie die Sicherungen nach denkmalpflegerischen Gesichtspunkten aus den Augen verloren und bietet damit „uns Bürgerlichen" die Möglichkeit, auf dem jährlich stattfindenden Burgfest in die Rolle einer Freifrau, eines Freiherrn, Ritters oder Knappen zu schlüpfen.

Schloß Weilerbach

3 km südlich der Burg Bollendorf erhebt sich an der seit den sechziger Jahren stillgelegten Weilerbacher Hütte der elegante zweigeschossige Bau des Schlosses.
In der beschrifteten Kartusche über dem Portal ließ der letzte Abt der Reichsabtei Echternach, Emmanuel Limpach (1775-1792), das Jahr der Fertigstellung einmeißeln, ANNO 1780.
Baumeister Paul Mungenast (seine Familie war eine Generation zuvor aus Tirol eingewandert) schuf mit dem Rokokoschloß am Wald über dem Weilerbach nicht nur eine Sommerresidenz für den Abt. Das Schloß wurde auch zum Zentrum einer weitläufigen, zwischen 1777-1779 entstandenen Eisenschmelze und Schmiede. Bindeglied zwischen Schloß und der ehemaligen Hütte ist ein Weiher, der ursprünglich zur Energieversorgung, aber auch dem Schloß als Spiegelweiher diente. Sehenswert der von hohen Stürzmauern eingefaßte Garten mit seinen Brunnenbecken und dem restaurierten Gartenhaus, dem Brunnenhaus und noch weiteren interessanten Wirtschaftsgebäuden.

Wegbeschreibung

Von der Grenzstadt zu Luxemburg, Echternach, an der Europastraße 29 gelegen, sind es auf der linken wie auf der rechten Sauerseite flußaufwärts nur 7 km. Die Burg fällt sofort unübersehbar ins Auge, weil sie direkt am Ortseingang von Bollendorf liegt.

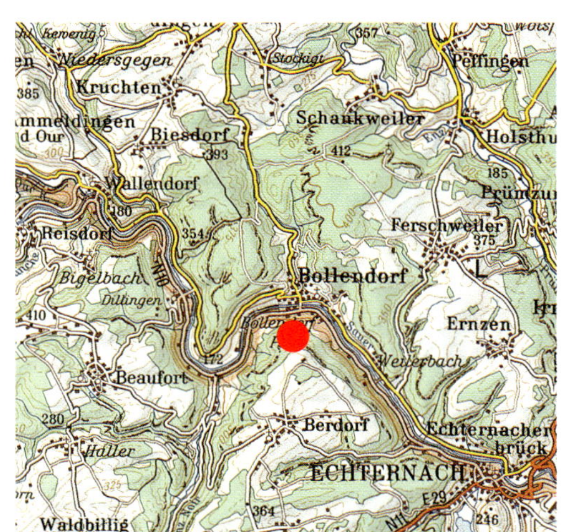

Burg Bruch

Kleine Burgbeschreibung

Es stehen noch ganz erhebliche Teile der Außenmauern, und trotzdem täuscht der so homogene Eindruck. Erst im Innern wird erkennbar, daß es eine Unterteilung in Vor- und Hauptburg gegeben hat.
Der Westturm, von der Straße gesehen der hintere, gehörte zur älteren Hauptburg, die von einer 9,80 m hohen Mauer umgeben war, wie noch ganz gut am Bergfried erkennbar.

In der Wasserburg Bruch im Salmtal saß von 1100 bis 1539 eine kleine eigenständige Herrschaft an der Grenze zwischen der Grafschaft Luxemburg und dem Kurfürstenstum Trier. Ganz selten findet sich in der Mittelgebirgslandschaft Eifel der Typus der hier zu bewundernden wasserumwehrten Niederungsburg. Die durch den Niersbach gespeisten Gräben sind leider versandet und nur noch im Teichgraben hinter der Burg erkennbar.
Fidelo von Bruch gilt als Erbauer und wird 1138 erstmals urkundlich erwähnt. Die Brucher waren brave Zeitgenossen, denn in den nächsten fast zweihundert Jahren gab es keine spektakulären Ereignisse. Zwar war die Landeshoheit über die Herrschaft Bruch zeitweise zwischen dem Herzogtum Luxemburg und Kurtrier strittig, doch sie blieben Luxemburger Gefolgsmannen, bis Theoderich III. (1270-1304) das Geschlecht der Edelherren von Bruch in den Stand der Ministerialität überführte. Durch seine Heirat mit Beatrix, der Tochter des Udo von Esch an der Salm, gelang es dem Kurfürsten, im Bereich Bruch an Einfluß zu gewinnen. Am 9. September 1304 (kurz vor seinem Tod) erklärte er das Haus Bruch zu einem ligischen (verbündeten) Lehen der Trierer Kirche. Mit einem derartigen „Öffnungsrecht" wird jedem Erzbischof gestattet, die Burg mit Bewaffneten zu belegen oder sich auch hierhin vor Feinden zurückzuziehen. 1334, mit dem Tode Dietrich von Bruchs, war die Herrschaft von Bruch im Mannesstamm erloschen. Mit Genehmigung des Kurfürsten Balduin ging die Brucher Lehe an Dietrich von Dune (Daun) über, der die Schwester des

Verstorbenen, Biele von Bruch, geheiratet hatte. Gerne gab der Erzbischof und Kurfürst Balduin seine Einwilligung, lag doch die Burg etwas außerhalb seines eigentlichen Einflußbereiches, womit er sich die Möglichkeit verschaffte, im fremden Herrschaftsbereich seine Einflußsphäre immer weiter auszubauen.
Zu diesem Zeitpunkt war der Kurstaat Trier noch kein zusammenhängendes Territorium, sondern eine Vielzahl von Einflußzonen unterschiedlicher Intensität. Ziel der Politik Balduins war es, mit allen Mitteln eine Wahrung und Intensivierung seines Einflusses zu erreichen.
In den folgenden zwei Jahrhunderten gab es immer wieder Streit um die Landeshoheit, die Luxemburg uneingeschränkt für sich beanspruchte. Die Herrschaft Bruch war zwar kurtrierisches Lehen, doch sie lag auf Luxemburger Boden, und somit oblagen dem Herzogtum auch die landesherrlichen Beschwerden wie Schatzung, Einquartierung und Fronden, und auch die hohe, mittlere und niedere Gerichtsbarkeit standen dem Herzogtum Luxemburg zu.
Nach einer Vielzahl von Lehnsleuten überließ Philipp von Warsberg, Kurtrierischer Amtmann zu Wittlich, die Herrschaft Bruch am 25. Juli 1547 dem Erzbischof Johann V. von Isenburg gegen eine jährliche Rentenzahlung. Aus diesem Vertrag glaubte Kurtrier territoriale Ansprüche ableiten zu können, und als sich dann auch noch der Kurfürst huldigen ließ, erteilte die kaiserliche Regierung daraufhin eine Rüge, *„da man sich hatte verleiten lassen, nach dem Ankauf der zuletzt warsbergischen Herrschaft zu Bruch durch den Kurfürsten diesem zu huldigen.“*
Bis zum Jahre 1700 sind hier zwölf weitere Kurtrierische Amtmänner bekannt, denen dann Freiherr Casimir Friedrich von Kesselstatt folgte, der vom Erzbischof am 28. Januar 1700 einen Revers erhielt, der in den Jahren 1718, 1753 und 1769 erneuert wurde. Bis zum Einmarsch der Franzosen 1794 blieb die Familie von Kesselstatt im Besitz der Burg.
Vom Zweiten Weltkrieg blieb die Wasserburg Gott sei Dank verschont. Heute befindet sich die mehrfach restaurierte, gut erhaltene Anlage in Privatbesitz und ist nach vorheriger Absprache auch zu besichtigen.

Auswanderung auf kurzem Weg

Als 1700 König Karl II. von Spanien kinderlos starb, sollte ein Enkel des französischen Königs die Thronfolge antreten.
Gegen diese drohende Machtausweitung Frankreichs verbündeten sich Österreich, das Deutsche Reich, England und die Niederlande zu einer großen Allianz, und es kam zum sogenannten Spanischen Erbfolgekrieg.
Um die Kriegszüge finanzieren zu können, wurden den Untertanen hohe Kriegskontributationen abverlangt. Weil die aber sehr hoch waren, entschlossen sich die Brucher Bürger zur Auswanderung. Die Salm als Grenzfluß teilte den Ort in Luxemburger und Kurtrierisches Gebiet. Ein alter Vertrag zwischen den beiden Landeshoheiten schrieb fest, daß die vor einer Schatzung (= landesherrliche Abgaben) in eines der beiden Gebiete verzogenen (oder geflohenen) Untertanen von der Schatzung ihres Landesherren nicht betroffen werden sollten. So machten der Müller von Bruch und noch einige weiteren Bürger den Anfang und siedelten auf die andere Bachseite, ins „Ausland“, über.
Bis ins Jahr 1728 würden die Übersiedler wegen der „Beschwernis des Überzugs“ nicht zu Schatzungszahlungen herangezogen.

Wegbeschreibung:

Auf der Landstraße 50 zwischen Salmtal und Binsfeld liegt die Burg direkt an der Straße. Bei Anreise über die Autobahn A1 / A48 sollte man die Ausfahrt Salmtal nutzen, um nach ca. 8 km die wohlerhaltenen Rundtürme zu erspähen, die dem Landschaftsbild des Salmtales einen malerischen Reiz verleihen.

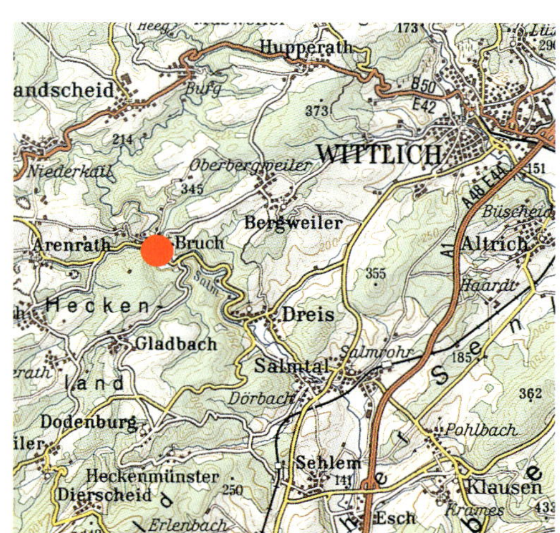

Schloß Bürresheim

Wenige Kilometer nördlich der Stadt Mayen umfließen Nitz und Nette in einer langen Schleife den Burgfelsen, auf dem Schloß Bürresheim, eines der bedeutendsten kunsthistorischen Baudenkmäler der Eifel, mit seinen Dächern, Türmen und Erkern einen malerischen Anblick bietet.
Bürresheim hat wie nur ganz wenige Höhenburgen die Kriege des 17. und 18. Jahrhunderts, den gesellschaftlichen Umbruch infolge der französischen Revolution, die Umnutzungen und die Veränderungen unseres Zeitalters unzerstört und ohne größeren Schaden überstanden. Das konnte aber nur gelingen, weil die Burg abseits der großen Heer- und Handelsstraßen lag und seit Jahrhunderten stets von den gleichen Familien bewohnt wurde.
Ihre Erbauung geht ins 12. Jahrhundert zurück und nennt erstmals 1157 die Brüder Mettfried und Everhard von Burgenesem als edelfreies Geschlecht. Um 1190 verkaufte ihr Erbe Heinrich, er ist der zweite namentlich bekannte Besitzer, einen Teil seines Anwesens an den Kölner Erzbischof (1167-1191) Philipp I. von Heinsberg, unter dem die im Westen liegende Kölner Burg entstand.
Um 1281 erwarb dann der Trierer Erzbischof einen weiteren Anteil, und seitdem gab es auf dem niedrigeren Felsen über dem Zusammenfluß von Nitz und Nette eine Kölner Burg und nur einen Steinwurf entfernt eine trierische Hälfte.
Man stand sich jahrhundertelang völlig getrennt gegenüber, hier im Grenzgebiet zwischen Kurköln und Kurtrier. Und so ist es nur allzu verständlich, daß kein gemeinsamer Ausbau erfolgte; und bei den expansiven Gegensätzen der beiden Fürstentümer trug man seine Machtinteressen keinesfalls immer geistlich aus.
Vom 14. Jahrhundert an teilten sich mehrere adlige Familien als Ganerben den Besitz, und der Schwerpunkt verlagerte sich in den Ostteil, in das Trierer Schloß. Darunter waren die bekannten Namen der Herren von Schönberg und die Vögte von Leutesdorf. Letztere hatten an der Grenze zur Kölner Burg ein Haus gebaut, das heute Wohnhaus des Verwalters ist. 1473 wurden die Herren von Breitbach Mitbesitzer, und kurze Zeit später sind sie in den Freiherrenstand aufgestiegen. Nach vielen Streitereien und jahrelangen Prozessen gelangten sie endlich 1659 in Alleinbesitz. Zu diesem Zeitpunkt setzte eine über viele Jahre sich hinziehende Ausbauphase ein.
Die gesamte Oberburg und der spätgotische Rundturm verdanken ihre Entstehung Gerhard und Johann von Breitbach. Mit dem Vogtshaus und dem dem Palas gegenüberliegenden „Amtshaus" (mit seinen wunderschönen Fachwerkgiebeln, 1659-1661 entstanden) erweiterte man den trierischen Teil zu einem Barockschloß und legte 1683 auch den barocken Terrassengarten an. Nun gab es nur noch eine Lücke zwischen Palas und Bergfried zur Kölner Burg.
In den Jahren 1698-1700 schloß Georg Reinhard von Breitbach den Zwischenraum an der Nordseite durch den im Erdgeschoß mit zwei Arkaden sich öffnenden Kapellenbau. Das verlieh dem Komplex das Aussehen einer Gesamtanlage, die es im Mittelalter aber nicht war. Emmerich Joseph von Breitbach-Bürresheim gilt als das bedeutendste Mitglied der Familie und war von 1763-1774 Erzbischof und Kurfürst zu Mainz. 1796 starb die Familie im Mannesstamm aus, und die belgischen Grafen von Renesse erbten das Schloß, das bis zum Verkauf 1938 im Familienbesitz war.
Während man das Trierer Schloß ausbaute, wurde der älteste Teil dem Verfall überlassen, und von der Kölner Burg blieb nur eine Ruine. Hier wird der historische Gegensatz der beiden Bauwerke und ihre Geschichte wieder augenfällig. Die Königliche Regierung der ehemaligen preußischen Rheinprovinz hatte das Schloß erworben, und seit 1948 unterliegt es der staatlichen Schlösserverwaltung des Landesamtes für Denkmalpflege Rheinland-Pfalz, die dieses Kleinod rheinischer Burgen- und Schloßbaukunst mit seiner wertvollen Ausstattung instandhält.

Rundgang

Am 1952 wieder rekonstruierten barocken Terrassengarten vorbei gelangt man durch das Burgtor über einen ansteigenden Weg durch einen tunnelartigen Gang in den Burghof.
Am Anfang und Ende Fallgatter, in den Gewölben und im Mauerwerk Gußlöcher für Pech. Schießscharten lassen uns nur noch nachempfinden, wie es wohl den Angreifern der Vergangenheit erging. Im Burghof mit den Arkaden der Sommerküche, dem romanischen Bergfried, den Fachwerkgiebeln und dem barocken Prunkportal beginnen die Führungen durch das Schloß. Einer unerschöpflichen Fülle an Ausstattungsstücken von der Spätgotik bis zum Barock begegnet der Besucher in den riesigen Fluchten von Sälen, Zimmern und Gängen.

Wegbeschreibung

Von der A 48 oder auch von der A 61 fährt man am einfachsten durch die Stadt Mayen, denn das Schloß liegt nur 4 km nördlich der Stadt.

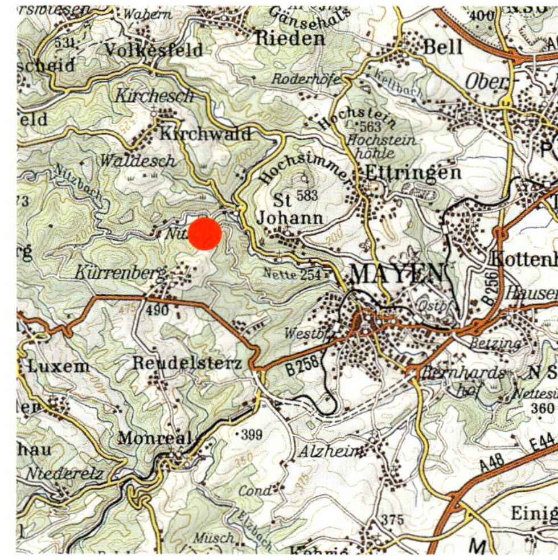

Reichsburg Cochem

Foto oben: Burg und Stadt Cochem
Foto unten: Rittersaal

Die Burg Cochem war strategisch ein wichtiger Ort, befand sich in Reichsbesitz, war mit dem rheinischen Grafengeschlecht der Ezzonen belehnt und saß direkt an der Nahtstelle zu den Besitztümern der beiden Erzstifte Trier und Köln.

Aus dem Dunkel der Geschichte taucht die Burg 1051 in einer Schenkungsurkunde Richezas auf, die Papst Leo IX. mit Datum vom 7. Mai 1052 bestätigt. Richeza, „letzte Tochter" des Pfalzgrafen Ezzo, vormals Königin von Polen, übertrug noch im gleichen Jahr die Burg dem Pfalzgrafen Heinrich I. (ihrem Neffen) mit der Auflage, daß er auch als Vogt der Abtei Brauweiler, dem Hauskloster des Ezzonen, dessen Güter mitbeschütze.

Nach dem Sturz der Ezzonen – man erkannte ihnen die „Pfalzgrafenwürde“ ab – bleibt die Burg Cochem weiterhin mit der Pfalzgrafenschaft verbunden. Pfalzgraf Wilhelm, dem die phantastische Lage der großen Höhenburg besonders gut gefiel, machte sie zu seinem ständigen Wohnort. Weil er kinderlos blieb, konnte er mit seinen Einnahmen und Besitzungen großzügig umgehen. Er dotierte sehr reich die Klöster der Umgebung (womit auch die Hoffnung auf Vergebung seiner Sünden verbunden war).
Ohne zu überlegen, daß er damit den Einfluß des Königs schwächen könnte, ging seine Großherzigkeit gar so weit, daß er 1130 der Abtei St. Matthias zu Trier und 1136 der Abtei Springiersbach den Schiffszoll bei Cochem erließ.
Nach seinem Tode 1140 entbrannte unter den Erben ein heftiger Streit. Im Verlauf der Rivalitäten eroberte 1150 Pfalzgraf Hermann von Stahleck die Burg, obwohl sie seinem Widersacher Otto d. J. von Rheineck als Stützpunkt gedient hatte. König Konrad III. (1138-1152), stets um seine Autorität bemüht, machte den Streitereien kurzum ein Ende, erklärte die Reichslehen als beendet, besetzte die Burg und brachte auch das umliegende Reichsgut in seine Gewalt. Dann setzte er Ministeriale (mit dem Titel Burggraf) für die Verwaltung des Besitzes ein, aus denen mit der Zeit Raubritter wurden. Als sich der Erzbischof von Köln der Burg bemächtigte, sah sich König Rudolf I. von Habsburg (1218-1291) genötigt, den Bischof zu vertreiben, und sorgte 1282 eigenhändig für Ordnung. Nach Rudolfs Tod wurde Adolf von Nassau (1292-1298) zum König gewählt. Dafür mußte er den Kurfürsten einige Zugeständnisse machen. Wie fast alle deutschen Könige war Adolf in permanenter Geldnot und steckte bis zum Hals in Schulden. Er verpfändete 1294 die Burg nebst Reichsgebiet, bestehend aus fast 50 umliegenden Ortschaften, für eine sehr hohe Summe an den Trierer Erzbischof (1286-1299) Boemund I., den Leutseligen, um überhaupt seine Kaiserkrönung bezahlen zu können.
Auch sein Nachfolger Albrecht I. brachte die Pfandsumme nicht auf, ernannte den Erzbischof zum Burggrafen des Cochemer Reiches und bestätigte 1298 diese Pfandschaft als erblich. Erzbischof und Kurfürst Balduin von Trier (1307-1354) baute Burg und Stadt wegen ihrer günstigen Lage zwischen dem Ober- und Niedererzstift aus, und die Burg erlangte im Wirtschafts- und Verwaltungswesen höchste Bedeutung.
Den Dreißigjährigen Krieg (1618-1648) überstand die Burg relativ gut, doch das letzte Viertel des 17. Jahrhunderts erwies sich als katastrophal. 1673 wurde die Burg zum ersten Mal von Französischen Truppen beschossen, 1688 besetzt, und dann beim Rückzug der Truppen am 16. Mai 1689 in Brand gesteckt und gesprengt.
Wellingtons und Blüchers siegreiche Entscheidungsschlacht gegen Napoleon I. bei Waterloo am 18. Juni 1815 bedeutete das Ende der Vorherrschaft Frankreichs in Europa.
Die Burg wurde preußischer Staatsbesitz, und im Jahre 1868 kaufte sie der Berliner Kaufmann und Kommerzienrat Jakob Louis Raven für nur 300 Goldmark und baute die Ruine bis 1877 wieder auf. Bei der äußeren Gestaltung im neugotischen Stil hielt er sich genau an einen Kupferstich von Braun und Hogenberg aus dem Jahre 1576, und im Inneren hat er die romantischen Vorstellungen des 19. Jahrhunderts verwirklicht, fleißig Mobiliar und Gebrauchsgegenstände aus der Renaissance- und Barockzeit zusammengetragen und somit der Familie einen repräsentativen Sommersitz mit gehobenem Wohnkomfort geschaffen. Nach nur 75jährigem Familienbesitz wurde das Deutsche Reich durch Kauf Eigentümer, und heute gehört die alte Reichsburg den Bürgern der Stadt Cochem.

Gemälde aus dem 19. Jahrhundert

Rundgang

Von der Stadtmitte führt ein Fußweg in 15 Minuten zu einer der größten Höhenburgen, die, auf mächtigem Fels gelegen, einen reizvollen Ausblick bietet. Es empfiehlt sich, an einer Führung teilzunehmen. Diese finden nach Bedarf täglich von 9.00-17.00 Uhr statt. und dauern rund 40 Minuten.
Vom 1. November bis Anfang Januar ist die Zeit auf 11.00-15.00 Uhr eingeschränkt.

Besonderheit

Neben einer gemütlichen Burgschänke bietet man „Gasterey nach Art der alten Rittersleut“, ein deftiges Mahl im Rittersaal. Konzerte und kulturelle Veranstaltungen werden ebenfalls geboten, und auch für „gesellige Sonderveranstaltungen“ öffnet die Reichsburg gerne nach Vereinbarung ihre eindrucksvoll gestalteten Innenräume.

Wegbeschreibung

Von der Autobahn A 1 / A 48, Ausfahrt Ulmen, weiter in Richtung Süden über die Bundesstraße 259, ist man nach rund 20 Kilometern am Ziel. Oder aber aus anderen Richtungen kommend über die B 49, die den Windungen der Mosel Trier - Koblenz folgt.

Burg Daun

Seitliche Gesamtansicht

Burg Daun, das ehemalige kurtrierische Amtshaus, liegt auf einem steilen, nahezu uneinnehmbaren Basaltfelsen, durch dessen exponierte Lage man alles ringsum einsehen konnte und der durch einen einzigen Zugang leicht zu sichern war. Erdgeschichtlich liegt es noch gar nicht so weit zurück, als diese Berge und Kuppen entstanden. Feuerspeiende Vulkane explodierten und schufen vor 11.000 bis 8.000 Jahren Maare und Bergkuppen, falteten Bergrücken hoch, und die heißglühende Lava suchte sich ihren Weg dort, wo wir heute von romantischen, liebreizenden Tälern sprechen.

Verschiedene Kulturen haben auf dem Vulkankegel ihre Spuren hinterlassen. Schon die Kelten nutzten etwa um 700 v. Chr. den Vulkankegel, um den sich heute die Kreisstadt Daun ausgebreitet hat, als Fliehburg. Der Name der Stadt ist keltischen Ursprungs und bedeutet Befestigung oder befestigte Höhe, und so deutet auch das Stadtwappen mit seinem roten Gitter auf goldenem Grund auf eine Umzäunung hin. Als Cäsars Legionen diese hier ansässigen Völker romanisiert hatten, nannten sie den Ort „Dune“.

Später, 731 n. Chr., tauchte dieses Wort erstmals in Zusammenhang mit einem „Herr von Dune" urkundlich auf. Die Erbauung der Dauner Burg (alter Name Burg Nanstein = „Neuenstein") dürfte wohl Ende des 9. Jahrhunderts erfolgt sein. Adalbero de Duna, 1075-1107, gilt als erster namentlich bekannter Burgherr. Doch es vergehen weitere 250 Jahre, bis interessante Ereignisse die Burg in den Mittelpunkt der Eifeler Kleinterritorialgeschichte rücken.
Kurfürst Balduin (1307-1354) von Luxemburg und gleichzeitig Erzbischof von Trier hatte Aegidius von Daun (1323-1353) die Burg zu Lehen gegeben. Doch diese durch Vertrag geschlossene Bindung an den Erzbischof mag dem Herrn von Daun nicht so recht geschmeckt haben. Denn er pflegte seine finanziellen Mittel durch Straßenraub aufzubessern. Er kämpfte gegen Kaiser und Gott, wurde aber berühmt durch seine Fehde gegen den sehr weit entfernt herrschenden Grafen Eberhard den Rauscher. Im Raubnest Daun gaben ihm Zeitgenossen den Spitznamen der „tolle Gilles". Derartige gaunerhafte Freveltaten störten Handel und Wandel und damit gleichzeitig auch die Steuereinnahmen, nicht nur die des Erzstiftes Trier, sondern auch die von Köln. Und so war es nicht verwunderlich, daß sich die beiden Kurfürsten zusammentaten, am 2. September 1350 ein Bündnis schlossen und, nachdem sie dem Treiben des „tollen Gilles" stets mit der Hoffnung auf Besserung längere Zeit zugeschaut hatten, 1352 mit den vereinigten erzbischöflichen Truppen gegen die Burg vorrückten. Diese erlitt erheblichen Schaden, konnte allerdings nur durch Verrat eingenommen werden. Durch einen Geheimgang gerieten die Belagerer in die Burg und brachen am 3. Juni 1352 die Herrschaft des Gilles.
Wegen der enormen Kriegskosten hielten sich die beiden Kurfürsten an den Verursacher und teilten den Besitz untereinander auf. Balduin erhielt Nanstein und die dahinterliegende Altenburg, und das Haus Rodemachern fiel Wilhelm von Köln zu. Der Bergfried sollte dann gemeinsam genutzt werden. Bei dem „sollte" blieb es, denn Balduin nutzte geschickt seine verwandtschaftliche Beziehung zum Kaiser, denn Karl IV. war nicht nur sein Großneffe und auch aus dem Hause Luxemburg, sondern dem Trierer Erzbischof wegen seiner Königswahl noch in besonderer Weise verpflichtet, und ergaunerte sich dadurch das alleinige Eigentum über Daun. Nach dem Tode Balduins gelangte die Burg 1354 wieder in den Besitz der Herren von Daun.
1643 wurden die Burgherren in den Reichsgrafenstand erhoben und nannten sich fortan „Grafen und Herren von und zu Daun".
Der Zerstörung 1689 durch die Truppen des Sonnenkönig Louis XIV. folgte eine gründliche Renovierung 1712 unter dem Trierer Erzbischof (1711-1715) und Kurfürsten Karl von Lothringen, und mit dem Einbau eines Schloßtraktes erhielt das Gebäude kurfürstliche Atmosphäre und Flair.
Der letzte mit der Burg belehnte Graf, gleichzeitig der berühmteste, Leopold von und zu Daun (* 1705, † 5. 2. 1766), erlangte seinen großen Ruhm als Feldherr der österreichischen Kaiserin Maria Theresia (1717-1780) im Siebenjährigen Krieg (1756-1763). Mehrfach schlug er Friedrich den Großen und brach damit den Mythos der preußischen Unbesiegbarkeit. Dem „Alten Fritz" blieb nichts anderes übrig, als das von ihm besetzte Böhmen schnellstens zu räumen.
Ende des 18. und Anfang des 19. Jahrhunderts, nach 20 Jahren harter Franzosenherrschaft, benutzten die Preußen die Burg als Staatliches Forstamt.
Das Geschlecht der Grafen von Daun starb 1904 aus, und 1978 gab die Stadt Daun das Anwesen durch Verkauf in Privatbesitz. Nach gründlichem Aus- und Umbau entstand so aus dem „Kurfürstlichen Amtshaus" das gleichnamige Hotel. Hier läßt sich „Fürstliche Gastlichkeit" im „Schloß-Ambiente" genießen, und es ist wohl in dieser Gegend, die ja sehr auf Fremdenverkehr setzt, weit und breit die beste Herberge.

Der Trierer Erzbischof und Kurfürst Karl von Lothringen (1711-1715)

Besonderheit:

Als man 1815 auf dem Wiener Kongreß die linksrheinischen Gebiete Preußen zusprach, blieben einige Eigenheiten erhalten. Bei Gewichten, Maßen und dem Gelde konnte man sich den neuen Verordnungen nicht schnell beugen, und so blieben noch lange manche andersartige Bezeichnungen erhalten. Ein „Faß" waren eben 22 Liter. Eine „Elle" hatte 57 cm. Und für das Geld gab es auch eigene Dauner Namen.
Das „Kleine Preuß'chen" entsprach dem Wert von 25 Pfennigen. Und zu 50 Pfennig sagte man das „Große Preuß'chen".

Wegbeschreibung:

Vom Autobahnanschluß Nr. 121 Daun / Mehren der A 1 / A 48 (das sind keine zwei Autobahnen, sondern nur eine Nummernüberschneidung) gelangt man nach rund 9 Kilometern in das verträumte kleine Städtchen, dessen Burgberg schon aus der Entfernung sichtbar ist.

Burg Eltz

Der Burghof mit dem Kempenicher Haus

Die Burg ist vom 1. 4. bis 1. 11. für Besucher geöffnet, und zwar von 9.30 - 17.30 Uhr. Regelmäßige Führungen von ca. 40 Minuten Dauer beginnen alle 10 - 15 Minuten.

Die Burg Eltz – sie zierte bis vor kurzem noch den 500-Mark-Schein – war wegen ihrer günstigen Lage für das Reich von besonderer Bedeutung. Sie enstand in unmittelbarer Nähe zur Mosel, die seit Menschengedenken eine der wichtigsten Handelsstraßen ist und in enger Verbindung zum fruchtbaren Maifeld stand.
Der Zugang zum Eltztal wie auch die Verbindung zwischen Mosel und Maifeld wurden von hier aus nach zwei Seiten hin kontrolliert und gesichert.
70 m hoch ist der elliptische Felsbrocken, der das Fundament der gesamten Burganlage bildet und auf drei Seiten vom Eltzbach umflossen wird. Mitten in die Blütezeit staufischen Burgenbaus fiel die erste Erwähnung. 1157 unterzeichnete Rudolph von Eltz als Zeuge eine Schenkungsurkunde von Friedrich I. Barbarossa (1125-1190). Aus dieser Zeit stammen auch die ältesten Bauten, „Platt-Eltz", ein spätromanischer Turm mit Bergfriedcharakter, und ein erster Palas, deren Restaurierung vor einigen Jahren abgeschlossen wurde.
1268 kam es zur ersten Teilung der Burg und der dazugehörigen Güter. Die von den Brüdern Elias, Wilhelm und Theoderich gebildeten drei Hauptlinien lebten fortan als Erbengemeinschaft (Ganerben) auf der Burg und nannten sich nach ihren Wappen „Eltz vom goldenen Löwen", „Eltz vom silbernen Löwen" und „Eltz von den Büffelhörnern".

Unter dem Begriff „Ganerbe“ (frühdeutsch ganarpeo) ist ein Miterbe zu verstehen, der als Mitglied einer Erb- und Wohngemeinschaft auf einem zugeteilten Bereich lebt. Derartiges Zusammenleben regelten Burgfriedensbriefe, (der älteste erhaltene Brief stammt aus dem Jahre 1323), die für jeden Rechte, Pflichten, Verwaltung und Unterhaltung detailliert festschrieben.
Im frühen 14. Jahrhundert arrondierte der Trierer Erzbischof Balduin seinen zersplitterten Besitz. Er versuchte, sein Kurfürstentum mit den Zentren Koblenz, Boppard und Trier zu einem einheitlichen Territorium abzurunden.
Das Bewußtsein des Einflusses dieses mächtigen Fürstbischofs – immerhin war Kaiser Karl IV. (1316-1378) aus dem gleichen Geschlecht – mobilisierte seine Gegner. Insbesondere die freien Reichsritter sahen ihre lokale Macht gefährdet, und so taten sich die Herren Johann von Eltz, Thiderich, Landslot, Richart und Heinrich (Richarts Bruder war Besitzer der Burg Waldeck), die vier der Burg Schöneck und die drei von der Ehrenburg (alle im Hunsrück gelegen), zusammen und schlossen ein Schutz- und Trutzbündnis.
Im Vertrag vom 15. Juli 1331 verpflichtete man sich gegenseitig zum Rate und Schutz, sowie dazu, jeweils fünfzig schwer bewaffnete Reiter neben den Burgbesatzungen zum Kampf zu stellen.
Balduin reagierte sofort, und es begann noch im Jahr 1331 die „Eltzer Fehde“, die in der Geschichte der Burg die einzige militärische Auseinandersetzung blieb. Auf einem oberhalb der Familienburg vorgelagerten Felssprung stampfte der Trierer Kurfürst in kürzester Zeit eine Belagerungsburg aus dem Boden, mit rechteckigem, zweigeschossigem Wohnturm mit Wehrgang, Doppeltor und dreiseitigem Zwinger, die Trutz- oder Baldeneltz, heute leider völlig vernachlässigt und von Einsturzgefahr bedroht. Noch liegen kugelförmige Blidersteine im Burghof von Eltz, die von Trutzeltz in hohem Bogen mit Katapulten niederkrachten, Dächer durchschlugen und Mauerwerk erschütterten. Da auch die Versorgungswege abgeschnitten waren, waren die Eltzer nach zwei Jahren Belagerungszeit am Ende und baten 1333 Balduin schließlich um Frieden.
Die „Pax de Eltz“, der Friedensvertrag vom 9. Januar 1336, machte aus den freien Reichsrittern trierische Vasallen.
Das Schutz- und Trutzbündnis wurde aufgelöst, und den nunmehr trierischen Besitz gab Balduin seinem ärgsten Feind Johann von Eltz (er war der Kopf der Widerständler) zu Lehen zurück. Es war sicherlich auch für Johann sehr überraschend, daß ihn Balduin zum Verbündeten machte, wenn man an die sonst übliche Praxis denkt, nach der er mit dem Tod durch Erhängen, günstigstenfalls mit Vertreibung hätte rechnen müssen. Das war wohl ein Wesenszug ritterlicher Denkweise und nicht nur Diplomatie.
Rege Bautätigkeit setzte im 15. Jahrhundert ein, und aus den Häusern Rübennach, Roden und Kempenich gingen vom 16. bis 18. Jahrhundert wichtige Trierer und Mainzer Kurfürsten hervor. 1733 wurde gar der Linie „Vom goldenen Löwen“ in Wien von Kaiser Karl VI. (1685-1740) wegen ihrer Verdienste in den Religionswirren und Türkenkriegen der Reichsgrafentitel verliehen.
Mit geschickter Diplomatie überlebte die Burg jede Auseinandersetzung und ist nach umfangreichen Restaurierungsarbeiten im 19. Jahrhundert mit ihren acht Wohngebäuden rund um den Burghof, den vielen Türmchen, Erkern, steilen Dächern und Mauern nach Georg Dehio „die Burg schlechthin“. In den nahezu 100 Wohnräumen lebten einst bis zu 100 Familienmitglieder.
Seit 800 Jahren ist Burg Eltz im Familienbesitz, doch lebt der gegenwärtige Besitzer, Dr. Graf Karl von und zu Eltz-Kempenich, genannt Faust von Stromberg, in Eltville, und als Verwalter leitet ein Kastellan die Geschicke der Burg.

Trutzeltz

Der Zustand dieser Ruine, der von Balduin eingeführten neuen Art des Burgenbaus, ist völlig vernachlässigt, urwaldmäßig überwuchert, und wegen Einsturzgefahr ist leider auch der Zutritt verboten. Hier, auf Schußweite der gegenüberliegenden feindlichen Burg, wird beispielhaft Balduins Politik der Stärke versinnbildlicht, wenn eine Herrschaft nicht mit Einsatz wirtschaftlicher Macht konstituiert werden konnte.

Wegbeschreibung

Von der Autobahn A 48 ist die Burg von den Ausfahrten Kaifenheim, Mayen und Polch über Landstraßen immer erreichbar, ebenso von der Mosel, also von der Bundesstraße 49 her, zwischen Karden und Löf kann Eltz angefahren werden. Egal ob man von Norden oder aus südlicher Richtung anreist, führt der Weg zu Parkplätzen, um von dort zu Fuß weiter vorzudringen.

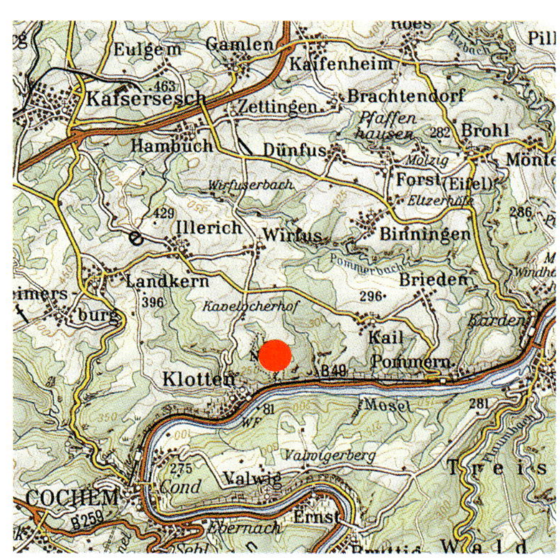

Burg Falkenstein

Wegbeschreibung

Von der Luxemburgischen Stadt Vianden über die Nationalstraße Nr. 10 bis Stolzenburg, dann über die Ourbrücke steil bergauf bis zum Ortsteil Waldhof-Falkenstein.
Von hier aus hat man einen ausgezeichneten Überblick über die Ourtalsperre mit der Burg Falkenstein. Die Zufahrt führt an „Reitersdell" vorbei abwärts in südlicher Richtung bis zum Schloßbau. Privatweg mit Schranke.
Auf deutscher Seite über die Ferienstraße Südeifel (Bundesstraße 50), von Bitburg her kommend in Obersgegen rechts abbiegen; nach 7 km erreicht man Reitersdell, und dann wie vor beschrieben anfahren.

Nur wenige Kilometer von Vianden entfernt liegt oberhalb der Ourtalsperre die romantische Burgruine Falkenstein, eine von einst 30 Burgen, die das Territorium der Viandener Grafen schützten.
Von diesen zu Lehen vergeben, wurde 1176 Herbrand von Falkenstein erstmals namentlich in einer Schenkungsurkunde des Klosters Himmerod erwähnt. Und weil man es sich auch mit der Nachbarschaft nicht verderben wollte, war man ihr gegenüber besonders freundlich und hilfsbereit, zumal es sich hierbei um die Äbte des Klosters zu Prüm handelte.
In den meisten Fällen geschah es ja nicht ganz uneigennützig, rechnete man doch ein wenig mit dem „Abtragen seiner Sündenschuld", wenn man bei den „irdischen Vertretern des Himmels" eine unterwürfige Tätigkeit ausübte. Zwischen 1212 und 1217 trat Ritter Heinrich von Falkenstein sehr oft als Mundschenk des Klostervorstehers in Erscheinung.
Und die weiteren Aufzeichnungen des Abtes mag man wohl als Schönfärberei ansehen, wenn es heißt, „er sei auch sein Berater gewesen". Eine schillernde Persönlichkeit wie Abt Caesarius von Heisterbach (um 1170-1240), um den sich so viele Legenden ranken, der sich mit den Reichsgrößen stritt, brauchte wohl kaum einen kleinen Ritter als Berater.

1236 erlosch das Geschlecht im Mannesstamme, und Graf Heinrich von Grandpé (bei Namür), wurde durch Einheirat Herr von Falkenstein. Und weil er sich nicht mit diesem kleinen und seiner Meinung nach unrentablen Besitz abgeben wollte, verkaufte er ihn an Heinrich V. von Luxemburg, der die Herrschaft seinem treuen Vasallen Theobald von Marlières und Neufchateau zu Lehen gab. Theobald ging deshalb in die Luxemburger Geschichte ein, weil er 1236 bzw. 1244 die Freiheitsscharten von Echternach und Luxemburg besiegelte.
Was die einen an Vermögen zusammentrugen, richteten Nachfolgegenerationen oft zugrunde.
1317 sah sich der leichtsinnige Boemund von Marlières gezwungen, aus Geldnot seine Privilegien an König Johann den Blinden (1310-1346) von Böhmen (aus dem Hause Luxemburg) zu verkaufen. Johann überließ Boemund und seine Familie nicht dem sonst unausweichlichen Schicksal der Armut, sondern zeigte Großherzigkeit, und beschäftigte Boemund weiter als Vasall. Boemund, schon in der Ehe vom Pech verfolgt, blieb ohne Nachkommen, und so ging die jetzt definitiv luxemburgische Herrschaft im Erbgang auf seinen Bruder Jacques de Marlières über, später auf dessen Witwe und auf ihren zweiten Mann Johann von Brandenburg, der sich seit dem Jahre 1334 Herr zu Falkenstein betitelte. Er avancierte zu einer bekannten Persönlichkeit seiner Zeit und wurde 1347 Seneschall am Luxemburger Hof. In manch wichtiger Urkunde tritt er als Bürge auf, in seinem Amte als Richter war er sehr gefürchtet, wie alte Prozeßunterlagen beweisen. Mit den hohen Einnahmen aus den verschiedenen Ämtern ließ sich manches leichter erwerben. So kaufte er u.a. die Herrschaften Bettingen sowie Anteile von Wampach und Esch/Sauer.
In der Blütezeit der Hochgotik im 14. Jahrhundert wurde die ursprünglich kleine Anlage stark erweitert und sah bis zum Ende der Feudalzeit und dem Beginn der französischen Revolutionsbesatzung wechselnde Besitzer. Schon bei den umwälzenden Ereignissen um das burgundische Erbe Ausgang des 15. Jahrhunderts hatte die Burg stark zu leiden, wurde 1689 während der Reunionskriege Ludwigs XIV. noch mehr beschädigt und weitere 100 Jahre später (1795) von den Französischen Revolutionstruppen erneut geplündert und gebrandschatzt.
Die Burgruine wurde zusammen mit Luxemburgs Eifelterritorien auf dem Wiener Kongreß 1815 preußisch, und befindet sich heute in Privatbesitz und ist nicht zu besichtigen.

Dasburg

Burgruine Dasburg

15 km nördlich von Falkenstein liegt der kleine Ort Dasburg, dessen Namensgeber die Burg war. Vom 13. Jahrhundert an gehörte die Burg zunächst der Abtei Prüm, die sie den Grafen von Vianden zu Lehen gab, die sie später erwarben. Erhalten blieben nur ein 22 m hoher Turmrest und die Umfassungsmauern.
Die Pest, eine der schlimmsten Infektionskrankheiten, deren Seuchenzüge im Mittelalter wie ein bakteriologischer Krieg ganze Bevölkerungsgruppen dahinrafften, europaweit etwa 25 Millionen (das war 1/4 der Bevölkerung), ließ auch Dasburg nicht verschont. Als sie 1636 zum wiederholten Male auftrat, wurde fast der ganze Ort ausgerottet. Und nachdem 1637 in Dasburg der schwarze Tod abgeklungen war, errichtete 1638 Burgverwalter Biewer eine kleine Kapelle. Sie verdankt ihre Entstehung der Frömmigkeit der Familie des Verwalters, die sie zum Dank für die überstandene Pest erbaute; sie ist seit Generationen Ziel vieler Pilger.
Ein Großteil der Überlebenden aus den streng katholischen Eifeldörfem legte damals das Gelübde ab, Gott dafür zu danken, daß er sie verschonte, und erflehte auch seinen Schutz für die zukünftigen Ereignisse.
Ein schöner alter Brauch blieb in Form von Wallfahrten erhalten, und so weisen auch anderenorts Prozessionen, die man zu Ehren der Heiligen Rochus und Sebastian abhält (sie gelten als die Schutzpatrone gegen die Pest), auf die damalige Geisel der Menschheit hin. Mahnend ist auch manches Wegekreuz ein Pestkreuz.

Schloß Hamm

Rundgang

Der heutige Zugang zum Schloß führt von Nordwesten durch einen Torzwinger. Das beim Umbau des Palas im 16. Jahrhundert veränderte und Ende des 19. Jahrhunderts erhöhte äußere Nordtor wird durch den vorspringenden Bergfried gedeckt, der mit seinen in der Mauerdicke liegenden Treppen und den Schießscharten bis auf das obere Geschoß aus dem Mittelalter stammt.
Im Erdgeschoß des Schlosses existiert heute noch der „Gotische Saal“ aus dem 14. Jahrhundert im zwischen dem Haupttreppenturm und der Kapelle leicht aus der Fassade vorspringenden Teil. Sein vierjochiges Gewölbe wird von bandartigen Gurt- und Kreuzrippen auf kurzen Rundpfeilern überspannt. Früher diente dieser Raum als Speisesaal. Schloß Hamm liegt im Familienbesitz. Der Gotische Saal, die Barockkapelle sowie die Schloßterrasse können für Feierlichkeiten angemietet werden. Eine Besichtigung ist nach Rücksprache mit den Eigentümern möglich.

Schloß Hamm erhebt sich auf einem langgestreckten, an drei Seiten von der Prüm umflossenen Bergsporn. Entstanden ist es auf den Grundfesten einer mittelalterlichen Fliehburg, in die man sich bei Gefahr zusammen mit den Menschen der umliegenden Höfe zurückzog. Urkundlich wurde 1052 erstmals Becelinus von Hamm als Schutzvogt der Prümer Abtei genannt. Als Lehnsmänner der Grafen Vianden, die in enger verwandtschaftlicher Beziehung zueinander standen, verwalteten darüber hinaus die Herren von Hamm den Bidgau.
Im Jahre 1371 gelangte durch Heirat der Maria von Hamm mit Friedrich von Mildberg die Herrschaft in dessen Familienbesitz, und Mitte des 16. Jahrhunderts an die derer von Malberg. Anna von Malberg vermählte sich 1583 mit Gerhard von der Horst; noch heute erinnern die wunderschönen Chronogramme des Renaissancezeitalters mit der Jahreszahl 1586 über dem Hofportal des Haupttreppenturmes sowie über der rundbogigen Tür des Erdgeschosses an die beiden markanten Persönlichkeiten. Und wie sich auch jeder Geschlechterwechsel in der Baugeschichte widerspiegelt, gilt Gerhard von der Horst als Erbauer des von den beiden Rundtürmen flankierten Renaissancepalas.
1698 wechselte das Anwesen wiederum durch Heirat an die Grafen von Lannay-Clervaux, die sich mit der Erneuerung der Kapelle befaßten, schon erkennbar in der veränderten äußeren Ansicht mit den Korbbogenfenstern und dem Barockportal. Das Innere wurde mit einer Holzvertäfelung und mit einem für diese Zeit sehr schlichten Altar mit erhöhtem Tabernakel ausgestattet. Darauf steht ein großes, ebenfalls aus dieser Epoche stammendes Holzkreuz, das reliefartig die Leidens-

werkzeuge Christi darstellt. Vier wunderschöne Grabmäler der Renaissance gelangten 1929 in die Schloßkapelle und entstammen der Kunstsammlung des Grafen Renesse von Schloß Bürresheim. Die beiden älteren Epitaphia zeigen den 1509 verstorbenen Georg von der Leyen und seinen bereits im Jahre 1512 verschiedenen Sohn Werner. Die ebenfalls aus Tuff gearbeiteten Grabmale der Eheleute Anna Beyrin von Boppard († 1584) und Georg von der Leyen († 1553, ein Enkel des vorgenannten Georg v. d. L.) zeigen sie in ihren prächtigen Gewändern. Nach einer dramatischen Katastrophe zogen sich die Grafen von Lannoy auf ihren Hauptsitz Clervaux zurück und gaben Hamm dem Verfall preis.

Was war geschehen? Der Rittersaal, an der Südseite des Palas auf einer freitragenden Säule angebaut, brach infolge Überlastung eines Tages zusammen. Zu diesem Zeitpunkt befanden sich dort viele Menschen, die teilweise mit den herabstürzenden Trümmern zu Tode kamen, und andere, die bei diesem Unglück vielleicht den Sturz noch überlebten, doch aufgrund ihrer schweren Verletzungen in der Prüm ertranken.

Um 1870 erbte Baron von Tornaco das Schloß, und bald darauf gelangte es durch Heirat an Graf Friedrich von Renesse-Bürresheim. Er und seine Gattin bewahrten durch umfangreiche Instandsetzungsarbeiten das Schloß und die Befestigungsanlagen in den Jahren 1885-1896 vor dem vollständigen Verfall. Seit 1909 gehört Hamm den Grafen von und zu Westerholt und wird bis zum heutigen Tage von ihnen bewohnt und bewirtschaftet.

Dem gesamten Erscheinungsbild nach bietet sich dem Betrachter der Anblick eines gut erhaltenen, mittelalterlichen Herrschaftssitzes. Das Zentrum des Ganzen bildet ein massiver Wohnblock aus dem 14. Jahrhundert mit der Kapelle, dem Haupt-treppenturm und einem schlanken, hochaufragenden Rundturm an der Ostseite. Diese beiden Rundtürme nehmen die Fassade des Renaissancepalais ein.

Im März 1945 hatte die SS gemäß ihrer Politik der verbrannten Erde Feuer gelegt. Der Palas mit seinem gesamten Inventar wurde Opfer der Flammen, und damit ging wertvolles Kulturgut für immer verloren. Während auf der einen Seite die SS-Schergen das brennende Schloß verließen, drangen schon von der anderen Seite die Alliierten vor.

Nach geglücktem Wiederaufbau versetzt heute der Anblick des Burgberings mit seinen umlaufenden, zinnengekrönten Wehrmauern, Wehrgängen und Schießscharten viele Besucher leicht ins Schwärmen.

Vereinigungswappen

Teilansicht vom Burghof her

Gotischer Saal

Wegbeschreibung

Anfahrt über Bitburg, dort der weißen Beschilderung „Stausee“ folgen. Am Stausee auf der Hauptstraße Richtung Hamm, Echtershausen bleiben. Das Schloß liegt rechts auf dem Bergrücken, oberhalb der Dorfstraße.

Burg Heimbach

Stadt und Burg

Die Silhouette der Stadt Heimbach wird eindrucksvoll von der Burg „Hengebach“ beherrscht, deren Burgfried, Burgtorgebäude und Mauern sich dem Besucher in gutem Zustand präsentieren.
Inmitten der schützenden Heimbacher Talmulde, wo der Heimbach in die Rur mündet, erhebt sich auf einem Felsvorsprung, dem Ausläufer des Altenberges, nur etwa 33 m über dem Rurspiegel die wehrhafte Burg als südöstlicher Außenposten des umfangreichen Besitzes der Jülicher Grafen.
Wechselvoll ist die Geschichte der Burg, und wie archäologisch nachgewiesen, dürfte hier schon in römischer Zeit eine Wehranlage zum Schutz der Rurfurt gestanden haben.
Als dann im ausgehenden 9. Jahrhundert bei den Normanneneinfällen die in den Ebenen liegenden Königspfalzen zerstört wurden, verlegte man die Verwaltungssitze auf besser zu verteidigende Plätze. Und so kam es zunächst zur Verlegung des Königshofes Vlatten auf die Burg Heimbach auf dem leicht zu sichernden und isolierten Felsgrat. Diese Verlagerung charakterisiert einen für die damalige Zeit typischen Trend: die Erbauung ausreichend geschützter, dennoch siedlungsnaher Höhenburgen.
Erste Erwähnung eines Godizo (Gottfried), Herr auf Hengebach, findet sich um 1000 in den Aufzeichnungen („De diversitate temporum“) des Mönchs Alpertus von Metz.
Die Dynastie der Hengebacher stand in verwandtschaftlicher Beziehung zu den Grafen von Jülich. So setzte Wilhelm von Hengebach (1190-1218) als Graf Wilhem III. die Jülicher Machtpolitik fort und war wohl mit der Aufgabe betraut, Land, Forst und Wald zu pflegen und Übergriffe des Erzstiftes Köln zu verhindern. Doch mit dem Aussterben der Linie im Mannesstamm entfachte sich ein langer Streit zwischen den Erzbischöfen von Köln und den Grafen von Jülich. Erst 1288/1289 gelang es Walram von Jülich, den 1254 durch Erzbischof (1238-1261) Konrad von Hochstaden annektierten Besitz, die Herrschaft Heimbach, wieder in das Stammland seiner Vorfahren einzugliedern.

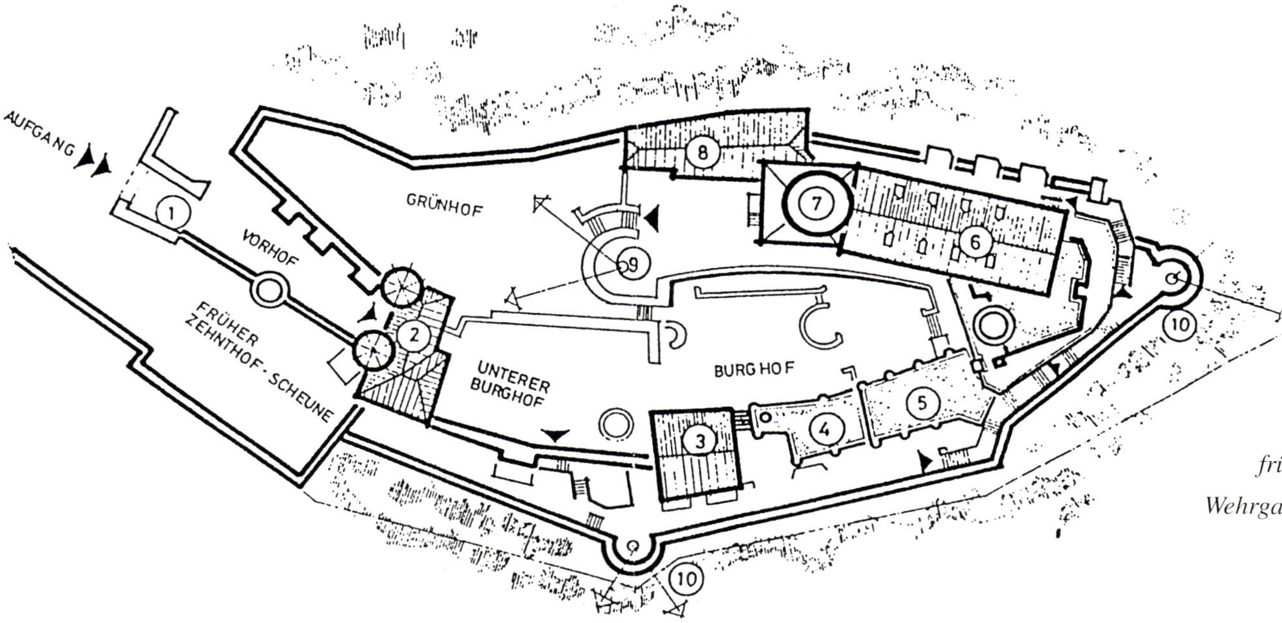

Eingangstor **1**
Torhaus **2**
Alte Schänke **3**
Terrasse **4**
Schänke **5**
Palas **6**
Bergfried **7**
Kavaliershaus **8**
frühere Burgkapelle **9**
Wehrgang/Verteidigungs-anlagen **10**

Der Erzbischof (1275-1297) Siegfried von Westerburg verzichtete 1289 auf jegliche Lehnshoheit gegenüber den Jülichern. Graf Walram setzte einen Burggrafen in die nun gefestigte Position an der Rur, und Heimbach wurde mit seinen 16 Ortschaften zum Mittelpunkt und kleinsten Sitz der 30 Jülichen Ämter, besaß aber ein eigenes Gericht. Dessen sichtbares Zeichen war der an erhöhter Stelle stehende Pranger. Trotz der 1343 von Markgraf Wilhem von Jülich verliehenen stadtrechtsähnlichen Privilegien gewann die Burg nie große Bedeutung, weil sich die gräfliche Macht im benachbarten Nideggen entfaltete und später nach Jülich bzw. Düsseldorf verlagerte.
Von Schicksalsschlägen blieb man auch hier nicht verschont. Besonders deutlich wurde dies neben den vielen Opfern der Pest aus den Jahren 1350, 1409, 1467, 1581-1585, 1629-1630 und 1635, während der Jülicher Fehde 1542 und in den langen Jahren der grausamen Kriege des 17. und 18. Jahrhunderts.
Besonders schlimm steigerten sich Drangsal und Not im Dreißigjährigen Krieg, als ab 1635 die Söldner aller am Krieg Beteiligten plündernd, sengend und mordend durch die Lande zogen. Nach einer notdürftigen Reparatur der Burg fielen die Franzosen unter dem berüchtigten General Melac 1678 ein und hausten so im Ort und auf der Burg, daß die Bewohner in die nahen Wälder flüchteten.
Während die französischen Expansionskriege Ende des 17. Jahrhunderts unter Ludwig XIV. Angst, Brand, Tod und Schrecken verbreiteten, kam es am 23. Mai 1687 zur größten Katastrophe, denn innerhalb weniger Stunden verbrannten 180 Häuser des Tales und die Holzbauten von Burg und Kirche. Mit der Vernichtung des gesamten Pfarrarchivs verschwand außerdem wertvolles Kulturgut für immer in den Flammen des Feuers.
Auch die Kriege des 18. Jahrhunderts, einschließlich der zwanzigjährigen schweren Zeit französischer Herrschaft von 1794 bis nach den Befreiungskriegen, die 1815 im Wiener Kongreß zur Neuordnung der europäischen Verhältnisse führten, haben hier ihre Spuren hinterlassen.
Eine Vielzahl von Besitzern ließ in den folgenden Zeiten die Burg mehr und mehr verfallen. Nach umfangreichen und schwierigen Restaurierungsarbeiten ist sie seit 1979 im Besitz der Stadt Heimbach, und seitdem sind Hofräume mit Wehrgang und Burgfried ganzjährig zugänglich und ein beliebter Treffpunkt für Musikfreunde. Die Burggaststätte mit ihren Tagungs- und Konferenzräumen lädt zum Verweilen ein und läßt den Romantiker einen Hauch abenteuerlicher Vergangenheit spüren.

Wegbeschreibung

Von der großen Eifelroute, der Bundesstraße 265, sind nur wenige Kilometer auf der Landstraße 218 zu fahren bis zur Burg am Oberlauf der Rur, zu deren Füßen sich im Talgrund das Städtchen Heimbach ausbreitet und mit den umliegenden Stauseen ein beliebtes Naherholungsgebiet bildet.

Kasselburg

Eine der eindrucksvollsten und interessantesten Burgruinen, die einst einem der mächtigsten Edelherrengeschlechter der Eifel als Grenzsicherung diente, steht in erhabener Einsamkeit auf einem Basaltkegel hoch über dem Kylltal. Nördlich von Pelm ragt der 37 m hohe, imposante Doppelturm der Kasselburg, der frühere Sitz der Herren von Blankenheim, kühn aus schönem Buchenwald hervor und zieht alljährlich viele Besucher an.
Gerhard V. von Blankenheim hat nach Erbteilung im Jahre 1335 diese Besonderheit deutscher Burgenbautechnik weiter ausgebaut.

Die Burg ist einer der kühnsten Wehrbauten des Mittelalters und zeigt einmalig verschmolzen die Bedeutung und Funktion von Torbau, Bergfried und Wohnturm. Sie drückt Machtfülle, Selbstsicherheit und auch Wirtschaftskraft des Adelsgeschlechtes aus.
Sie stellt aber auch eine Wehr- und Lehrburg dar. Wer die neun Stockwerke bis zu den Zinnen hinaufsteigt (das bringt einen schon ganz schön aus der Puste), wird nicht nur mit einem einzigartigen Ausblick über Felder und Wälder belohnt, sondern kann bei guter Sicht weit zu den Vulkankegeln sehen, deren Kuppen diese Landschaft prägen.
Der Blick schweift weiter auf den romanischen Bergfried und läßt erkennen, daß die Burg mit Wehrgängen, Kemenaten, Rittersaal, Palas und Burgkapelle Bauteile früherer Jahrhunderte (12. und 13. Jahrhundert) aufweist.
Dabei ist keineswegs gesichert, daß die im Jahre 1181 bis 1225 in mehreren Urkunden genannten Herren von Castel hier als Burgbesitzer anzunehmen sind. 1291 tauchte dann der Name Castilburg nochmals auf, könnte sich aber auch auf „castellum" = „Burg" beziehen; hier wurde ein Rententausch aus dem Dorf Essingen beurkundet.
Getrost darf man annehmen, daß die Burgmänner der Herren von Blankenheim, wie allgemein damals üblich, auch den Namen der Burg annahmen. Obwohl Friedrich von Blankenheim in einer auf Castelberg ausgestellten Urkunde 1314 sich als Lehnsmann des Königs Johann von Böhmen und Herzogs von Luxemburg sowie dessen Onkel, des Kurfüsten und Erzbischofs Balduin, erklärte, sind erst seit dem Erbvergleich des Jahres 1335 sichere Aussagen über die Eigentumsverhältnisse möglich. Hier erhielt Arnold I. Burg Blankenheim mit allen Besitzungen und Gerhard V. die Casselburg mit einer geldlichen Verpflichtung.
Durch Erbschaft, Heirat und geschickte Politik dehnte sich das Geschlecht immer weiter aus. Zur Linie Blankenheim-Kasselburg kommen noch die Gerolsteiner, und später verband man sich noch mit den Grafen von Manderscheid. Dieser Territorialmacht gelang es als einziger im Eifelraum, die Unabhängigkeit gegen den Trierer und Kölner Kurfürsten bis zur französischen Revolution zu behaupten.
Doch für rund 60 Jahre, von 1452 bis 1514 war die Burg im Besitz von Kurtrier. Weshalb der Erzbischof sie besetzte und zudem noch weiter ausbauen ließ, wird leider nicht berichtet.
Danach geriet die Kasselburg in die Erbstreitigkeiten des Hauses von der Mark. Als die sich 1611 der Burg bemächtigt hatten, schaltete sich auch hier der Bischof von Münster ein und besetzte sie mit seinen Truppen.
Als das angerufene Reichskammergericht in Wetzlar sie 1674 den Herzögen von Aremberg zusprach, diente die Burg schon wenig später der Herzoglich Arembergschen Artillerie als Kaserne. Und damit begann der Verfall. Schon 1744 wurde sie „modo" (als verfallen) bezeichnet, und den Rest besorgten 1794 wie im ganzen Eifelraum die Franzosen.
Mit dem Übergang an Preußen im frühen 19. Jahrhundert kam ein Anstoß zur Rettung aus unerwarteter Richtung. Anläßlich seines Besuches 1838 regte schon König Friedrich Wilhelm IV. Instandsetzungsarbeiten an. Und nach Fertigstellung der Eisenbahnstrecke Trier-Köln spendete die Rheinische Eisenbahngesellschaft 1000 Taler zur Restaurierung des damals schon berühmten Turmes, *„um den Reisenden etwas zu bieten"*.
Die Kasselburg, heute im Besitz des Landes Rheinland-Pfalz, ist nicht nur wegen ihrer architektonischen Besonderheiten über die Landesgrenzen hinaus bekannt, sondern auch durch den Vogel- und Wolfspark, der sie weitläufig umgibt.

Die Burg heute

Sie beherbergt eine Station mit Greifvögeln, die nicht nur hier gehalten, sondern auch gezüchtet werden. Die Winkel und Vorsprünge der Burgruine eigen sich hervorragend zur Unterbringung der einzelnen Vogelarten. Adler und Falken werden neben anderen seltenen Vogelarten den Besuchern vorgestellt, und zu gewissen Zeiten lassen Falkner sie im Freiflug um die Türme der Burg kreisen. Mit derartigen Flugvorführungen wird keineswegs die traditionelle Beizjagd mit Falken fortgeführt, sondern hier zeigt der Falknermeister die Jagdkünste dieser Greifer und wirbt gleichzeitig für ihren Schutz, denn Bestand und Vermehrung sind in freier Wildbahn ernsthaft bedroht.
In einem 20 Morgen umfassenden Gelände, direkt unterhalb der Burg, lebt ziemlich frei ein Wolfsrudel, das als eines der größten im europäischen Raum gilt. Und weil es schon öfters Nachwuchs gab, darf man getrost annehmen, daß es sich in dem Felsgewirr ganz heimisch fühlt.
Von einer Tribüne aus kann die Fütterung der an sich scheuen Tiere beobachtet u. gefilmt werden. Dabei bemüht sich dann ein Heger, die Mär von der „Bestie Wolf" realitätsnah abzubauen. Wie wenig über das Wesen des Wolfes bekannt ist und wie groß die Vorurteile noch immer sind, zeigen Beispiele vom Verhalten der Menschen in den letzten Jahren, wo man wegen einiger ausgerissener Wölfe zu einer wahren Hetzjagd blies, bei der die Verlierer schon im voraus feststanden.

Wegbeschreibung

Von der Bundesstraße 410 muß man im Ort Pelm, etwa 3 km von der Mineralwasserstadt Gerolstein entfernt, abbiegen und der guten Beschilderung folgen.

Burg Kerpen

In der Hillesheimer Kalkmulde, im weiten Tal des Rudersbaches, zieht sich um den südwestlichen Dolomitsporn des Höhenbergs der Ort Kerpen, in dem sich das Freiherrengeschlecht „de Kerpene“ niederließ. Sigibertus de Kerpene, erstmals 1136 in einer Urkunde der Abtei Prüm genannt, errichtete in über 500 Höhenmetern weithin sicht- und alles kontollierbar die Burg, an deren Südhang vermutlich Wein wuchs.

Inwieweit sein Sohn Heinrich I. Einfluß auf den Bau nahm, geht aus der Urkunde von 1173 nicht hervor, in der es u. a. heißt: „...novum castrum de Cherpene ...“. Um über eine würdige Grablege zu verfügen, stifteten Heinrichs Söhne Theoderich (Dietrich I.), Albero und Alexander im benachbarten Pfarrort Niederehe ein adeliges Frauenkloster. Dies geschah nicht ganz uneigennützig und, wie allgemein aus den Schenkungsurkunden immer wieder ersichtlich, „... *zur Abtragung ihrer Sündenschuld und in Anbetracht ihrer menschlichen Schwachheit ...*“. Und vielfach findet man auch: „... *ist es angemessen, im Namen Gottes das zu verwenden, was uns gegeben ist, damit wir umsomehr der Gnade und des Wohlgefallens Gottes würdig werden*“.

1264 trug Theoderich II. Kerpen dem Kölner Erzbischof zu Lehen auf. Um 1300 bildeten sich unter den Söhnen Theoderichs III. drei Linien. Durch gewollte und geschickte Heirat, wobei so gut wie nie die Söhne und Töchter über die Wahl des Ehepartners entscheiden durften, kam es zu diesem Dreierclan: Kerpen-Linster, Kerpen- Warsberg-Illingen und Kerpen-Mörsdorf. Von 1308-1324 gab es immer wieder Auseinandersetzungen und Streitereien zwischen den Lehnsherren und dem Kölner Erzbischof (1304-1334) Heinrich II. von Virneburg. Dabei ging es nur um eine Kleinigkeit, die Patronatsrechte der Pfarrei Wevelinghoven. Und weil man sich von der bekannten Pendelpolitik Eifeler Dynasten etwas versprach, stellte man die Burg auch noch dem Erzbischof Balduin von Trier als Offenhaus zur Verfügung. Doch das änderte sich bald mit den Veränderungen in den Besitzverhältnissen. Mit dem Tode Konrads erlosch die Linie Mörsdorf 1451. Er hatte schon 1436 seinen Anteil an Kerpen, die „obere Burg" (= der alte Palas) an seinen Vetter Wilhelm II. von Sombreff, den Sohn seiner Tante Margarete von Kerpen, verkauft. Wilhelm erwarb 1448 dann auch den Anteil der Warsberger Linie, das Haus „die Leuff" (= neuer Palas), und wurde somit Alleinbesitzer von Burg und Herrschaft, wenn man auch noch den Rest aufgrund seines elterlichen Erbanspruchs hinzurechnet.

Burg mit Ortsansicht

Im Bewußtsein der Wichtigkeit seiner Lage als territorialer Mittelpunkt zwischen den beiden Kurstaaten Trier und Köln betrieb Wilhelm die Freiung, die ihm sehr schnell gelang, denn schon 1436 ist von „Burgleuten, Gemeinde, Untersassen, Schultheiß und Schöffen im ummauerten Tal Kerpen" die Rede. Und weil mit der Freiung auch die Gerichtsbarkeit verbunden war, führte Kerpen ein Gerichtssiegel, und auf dem Koberg stand der Kerpener Galgen, an dem so mancher arme Kerl sein Leben lassen mußte.

Nach Wilhelm II. begann eine 250 Jahre dauernde Ära verwickelter Erbstreitigkeiten und langwährender Prozesse, die sich immer mehr ausweiteten. Nachdem am 3. Januar 1593 Graf Dietrich VI. kinderlos *„nach höchster und lanckwiriger Leibschwachheit"* gestorben war, besetzte vier Wochen später unter Ausnutzung der unklaren Erbsituation sein Schwager Philipp von der Mark die Burg. Unruhig und mit besorgter Miene wartete die Witwe, Gräfin Elisabeth v. Manderscheid-Schleiden, auf die weitere Entwicklung, die darin gipfelte, daß die verschüchterte, trauernde Frau verjagt wurde. Sie zog sich zunächst nach Schleiden zurück. Mit Vergleich und Kaufvertrag verblieb der Besitz bei den Grafen v. d. Mark. Diese traten 1679 ihre Rechte an die Verwandtschaft, den Grafen von Löwenstein-Wertheim, ab, der schon früher als Vormund für den geisteskranken Johann Friedrich von der Mark eingesetzt worden war.

Doch die miteinander Verwandten von Löwenstein, von der Mark, Arenberger und Manderscheider stritten weiter, bis 1674 durch Urteil des Reichskammergerichts die Herrschaft den Herzögen von Arenberg zugesprochen wurde, in deren Besitz sie bis 1794 blieb.

Nach Okkupation durch die Franzosen wurden die Feudalrechte und sämtliche Territorien aufgehoben und mit Dekret vom 27. Januar 1798 eine neue Verwaltung geschaffen. Dabei war man bemüht, die alten Stadtrechtsorte des Mittelalters zu wahren. Kerpen wurde „Mairie" (Bürgermeisterei) im „Kanton" Lissendorf des „Arrondissements" Prüm im „Saardepartement" Trier. (Das ist noch immer die Grundlage unserer heutigen Verwaltung).

1814/15 endete die französische, und es begann die preußische Herrschaft. Anfang dieses Jahrhunderts kam die Burg in Privatbesitz. 1911 erwarb sie der bekannte Maler Prof. Fritz von Wille, ließ dringende Sicherungs- und Ausbesserungsarbeiten vornehmen, errichtete das Wohnhaus, schuf sich sein Atelier, hauchte der Burg neues Leben ein und arbeitete hier bis zur letzten Stunde. Nach seinem Tod 1941 hat man ihm den Wunsch erfüllt, hier im Bereich seines Lebenswerkes beigesetzt zu werden.

Seit 1969 ist die Burg im Besitz des Kreises Neuss und wird als Landschulheim genutzt.

Wegbeschreibung

3 km hinter Hillesheim von der Bundesstraße 421 nach links abbiegen, und man erreicht nach weiteren 3,5 km die Ortschaft Kerpen, über der die schon weithin sichtbare Burg thront.

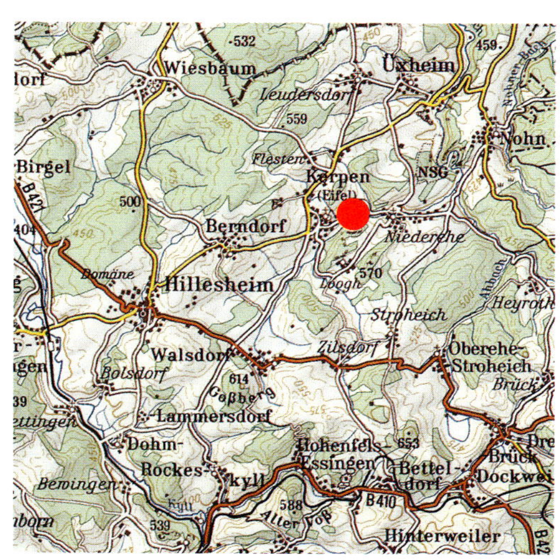

Kronenburg

Eindrucksvoll hebt sich der Burgflecken Kronenburg mit seinen Schloßruinen aus dem Landschaftsgebilde der Eifel heraus. Schon von weitem sichtbar auf einer nord-südlich vorspringenden Bergzunge, fährt man zurück ins Mittelalter. Nach Eintritt (der Autoverkehr hat keinen Zugang) durch eines von zwei gut erhaltenen gotischen Toren in die verwinkelten Gassen mit ihren nach mittelalterlicher Patina atmenden Fachwerkhäusern empfindet man den Glanz einer längst verschwundenen Epoche. Der Geist des Mittelalters wird spürbar.

Das alte Amtshaus, die ehemalige Schloßkapelle, die Reste der Umfassungsmauern und die Bastionen bewahren so viel Vergangenheit, daß man die kümmerlichen Schloßruinen fast vergessen könnte. Es scheint so, als flattere noch immer der rote Adler auf silbernem Feld, das Wappen der Herren von Kronenburg, über dem Städtchen. Hier hat fast alles seinen mittelalterlichen Charakter unverfälscht bewahrt.

1277, wie Phönix aus der Asche, tauchten die Herren von Kronenburg neben den Edelherren von Dollendorf an der oberen Ahr aus dem Dunkel ins Licht der Geschichte. Allem Anschein nach waren sie aber schon über 100 Jahre hier zu Hause, als man sich von den Dollendorfern löste. Hier, im Zentrum des politischen Spannungsfeldes Jülich, Lüttich, Köln und Luxemburg, banden sich die Kronenburger Herren nach altbewährter Pendelmanier mal an diese, mal an jene Macht. Unter Ritter Gerlach II. (1260-1307) wurde das Geschlecht so mächtig, daß sich Graf Heinrich VII. von Luxemburg mit dem Erzbischof Heinrich II. von

Rundgang

Mit dem ersten Schritt durch das Burgtor empfängt Kronenburg, das um 1350 zur Stadt ernannt wurde, seine Besucher, als wäre soeben das 13. Jahrhundert zu Ende gegangen. Hier muß man über Kopfsteinpflaster durch die engen Gäßchen gehen, vorbei an herrlichem Fachwerk und dem zum Hotel umgebauten ehemaligen Amtshaus und erreicht dann die Burghöhe, deren gut gesicherte Ruinen die Pracht und Größe vergangener Tage erkennen lassen.

Köln zusammentun mußte, um dessen Macht zu brechen. 1307 verstarb der entmachtete Gerlach, und sein Sohn Johann (1307-1327) war zeitlebens ein friedvoller und treuer Vasall von Luxemburg, dehnte aber sehr geschickt seinen Besitz über Gladbach bis nach Esch an der Sauer aus.

Nach dem Tode Johanns wurde unter seinem Sohn Friedrich I. (1327-1342) die Burg weiter ausgebaut und auch die Ortschaft als „Tal“ in die Befestigung mit einbezogen. Hierbei hatte er sich übernommen, und die wirtschaftlichen Schwierigkeiten wurden so groß, daß sie noch bis in die Nachfolgegeneration unter Friedrich II. hineinreichten, der sich gezwungen sah, einen Teil des Besitztums zu verpfänden. Ausgelöst wurden diese Pfänder wieder durch Ritter Peter (1357-1414), einen kriegserfahrenen Haudegen und treuen Gefolgsmann Luxemburgs, der sich Herr von Kronenburg, Neuerburg, Gladbach und Esch (Sauer) titulierte, außerdem das Amt des Burggrafen im Auftrag seines Herzogs von Luxemburg in St. Vith, Reuland und Schoenberg innehatte. Mit ihm starben die männlichen Erben 1414 aus, und Kronenburg war nicht mehr Residenzstadt, sondern nur noch Nebensitz anderer Adelsfamilien.

In jeweils weiblicher Erbfolge fiel der Herrschaftsbereich an das lothringische Geschlecht Bolchen-Rodemachern, ans Grafenhaus Virneburg, an das Geschlecht Manderscheid-Schleiden und schließlich an die Reichsgrafen von Gerolstein.

Da die regierenden Dynasten nur wenige Jahre in Kronenburg selbst wohnten, war eine Vernachlässigung der Burg die natürliche Folge. Was blieb, waren ein paar Namen der Geschichte, die von Spaniens König Philipp II. bis zum Generalfeldmarschall Piccolomini, der hier eine längere Zeit während des Dreißigjährigen Krieges wohnte, vom Präsidenten des Reichskammergerichts bis zum Großherzog von Mecklenburg-Strelitz reichte. Was von der Landeshoheit der „terre franche“, des „freien Gebiets“, übrigblieb, sank trotz des im Jahre 1766 neu erbauten und zum Schloß umgestalteten Burghauses und trotz der Ernennung zum Hauptort des Kantons im neu entstandenen Departement de l‘Ourthe ins „Dörflich-Ländliche“ ab.

1794 flüchtete Gräfin Augusta, die letzte Herrin von Kronenburg, vor den einrückenden Revolutionstruppen nach Böhmen. Die Güter wurden als Emigrantengut eingezogen und später von der französischen Regierung verkauft. In die teilweise ruinöse, aber noch bewohnbare Burg zog mit seiner Verwaltung Amtmann Faymonville. Und als sich dann 1809 die Möglichkeit bot, Burgbesitzer zu werden, griff Faymonville zu. Die letzte Vertreterin der Familie, Nettchen Faymonville, lebte noch bis 1967 im gut unterhaltenen Burghaus.

Als in Kronenburg die Uhren anders gingen.

Graf Dietrich VI. (1560-1593), engagierter Lutherianer, hatte in den Dörfern Dahlem, Baasem, Berk Udenbreth und Rescheid der Herrschaft bereits evangelische Pastoren eingesetzt. Im Jahre 1582 führte Papst Gregor XIII. (1572-1585) den nach ihm benannten „Gregorianischen Kalender“ ein, in dem das Kalenderjahr mit dem Sonnenjahr wieder in Einklang gebracht wurde. Auf den 4. Oktober folgte dann gleich der 15. Oktober.

Die katholischen Länder haben diese Neuerung sofort übernommen, nur in Kronenburg blieb die alte Datierung. Und als hier die Weihnachtsglocken läuteten, hatte man in der näheren Umgebung längst das neue Jahr begonnen, denn man schrieb dort bereits den 4. Januar. Auch im darauffolgenden Jahr gab es diese Differenz, die sich auf so kleinem Raum als Groteske auswirkte. Als besonnener Pragmatiker zog Graf Dietrich VI. dann die Konsequenz, führte ebenso den Gregorianischen Kalender ein, und zum Jahreswechsel 1585 läuteten die Glocken an der oberen Kyll wieder gleichzeitig.

Wegbeschreibung

Auf der Mitte zwischen Prüm und Blankenheim von der Bundesstraße 51, die auch die Bezeichnung E 42 trägt, in Stadtkyll abschwenken. Vor dem Nordtor liegt ein großer Parkplatz, Eintritt frei.

Burg Lissingen

Die ehemalige Wasserburg Lissingen liegt im gleichnamigen Ortsteil und westlich vom Zentrum der durch das Mineralwasser bekannten Stadt Gerolstein, die sich früher nach ihrer Ersterwähnung Gerhardstein nannte und Grenzbesitz der Grafen von Blankenheim war. Lissingen dagegen war eine Lehnsburg der Abtei Prüm, recht groß, mehr ein befestigter Gutshof, und nimmt die Landspitze zwischen dem Flüßchen Kyll und dem einmündenden Oosbach ein.
Wer sich der Burg nähert, spürt fast schon das Spannungsfeld zwischen gräflichem und Abteibesitz. Symbolisch tragen dazu eine Maulscharte und die beiden Pechnasen am Außentor bei, als wollten sie sagen, „hier darf nur hinein, wer dazu berechtigt ist“.
Dieser topographische Standort war, wie Funde zeigen, schon früh besiedelt. Lag er doch in unmittelbarer Nachbarschaft des römischen Ausova (dem heutigen Oos), einer Wegstation auf der von den Römern angelegten Heer- und Handelsstraße Trier - Köln, wie auch der bekannten „Peutinger Tafel“ (nach dem Humanisten Konrad Peutinger, 1465-1547) zu entnehmen ist.
Aus ursprünglich fränkischem Königsgut gelangte die Burg an die Abtei Prüm, die damit Ritter und Adelige belehnte. Erstmals erwähnte 1103 eine Urkunde die Herren von Lissingen, denen die Aufgabe zukam, das Territiorium des Abtes zu sichern. Zu nah saß der Nachbar aus dem mächtigen Grafengeschlecht der Blankenheimer. Aufgrund dieser fortifikatorischen Aufgabe wurde die Burg befestigt, und Brunnen und Zisternen sicherten auch im Belagerungsfalle die Wasserversorgung.

Schon hundert Jahre später, 1212, gehörte das alte Lehen der Abtei Prüm einem Herrn Smeych von Lissingen. Nachdem die Herren von Lissingen im Mannesstamm ausgestorben waren, kamen nun durch Heirat der Töchter andere Namen hinzu. Man lebte hier zusammen auf einer Ganerbenburg, jedoch jedes eingeheiratete Geschlecht auf einem zugewiesenen Teil.

So bildeten sich innerhalb der Gesamtanlage bereits sehr früh Ober- und Unterburg, und die deutlichste Markierung der Grenze ist der viergeschossige Turm aus dem 14. Jahrhundert. Auch hatte jede der zwei Burgen ihre Kapelle, aber nur ein Kaplan stand in Diensten der Edelleute. Er war gleichzeitig Hauslehrer, und ihm oblag verantwortlich die Ausbildung der Kinder. 1514 kamen dann Zandt von Merl und Haust von Ulmen als Ganerben hinzu, und um ein ungestörtes Nebeneinander zu gewährleisten, regelte ein Teilungsvertrag, ein sogenannter Burgfriedensbrief, das Alltagsleben. Aus dem Jahre 1559 ist ein derartiges Zeugnis der Rechte und Pflichten erhalten.

In Notzeiten ergänzten sich Ober- und Unterburg (letztere wird auch häufig als Niederburg bezeichnet) mit ihren baulichen Einrichtungen. Gemeinsam besetzte man Mauern, Wehrgänge, Wachstuben, Erker (sog. „Pfefferbüchsen“, auch bekannt als Scharwachttürmchen), Schießscharten, Gußerker u. a. m. zur Verteidigung.

Im allgemeinen lebte man auf der Burg friedlich miteinander, doch blieben interne Streitigkeiten nicht aus. Aber die gesamte Burganlage wurde nie gewaltsam zerstört, überlebte unbeschadet die schrecklichen Kriege des 17. Jahrhunderts. Dies gilt auch für das Ende der Feudalzeit, als 1794 die französischen Revolutionstruppen ins linksrheinische Rheinland zogen und mit der Parole: *„Krieg den Palästen, Friede den Hütten und Befreiung aller Unterdrückten“* eine Welle an Zerstörungen auslösten. Um eine Provakation zu vermeiden, hatten die Burgleute klugerweise ihre an den Eingängen und in den Wohnräumen angebrachten Adelsembleme selbst unkenntlich gemacht, teilweise auch zerstört. Man wollte sich keinesfalls seiner Einnahmequellen und Rechte berauben lassen, die man mühsam über die Jahrhunderte gesichert hatte. Zunächst als Lehen des Fürstabtes von Prüm, dann des Fürstbischofs von Trier; und mit Anschluß an die Reichsritterschaft hatte man sich schließlich auch eine gewisse Selbständigkeit erworben.

Von den kurtrierischen Ministerialen und späteren Freiherren Zandt von Merl zu Lissingen durch großzügige Erweiterungen in die heutige Form gebracht, stellt sich die Burg als eine unzerstörte und kontinuierlich bewohnte Anlage dar. Selbst die zur Erhaltung notwendigen Eingriffe in die Bausubstanz legen vortrefflich Zeugnis von den unterschiedlichen Funktionen einer Burg im Wandel ihrer Geschichte ab.

1833 starb die letzte Adelsfamilie der Unterburg aus und wurde von der verwandtschaftlichen Linie Zandt von Merl zu Weiskirchen, die im Saarland ein Hüttenwerk betrieb, beerbt. Nach mehrmaligem Besitzerwechsel begann 1987 eine ganz neue Ära mit der Nutzung der Burg zu gastronomischen und kulturellen Zwecken.

Wegbeschreibung

Anfahrt über die Bundesstraße 410. Dort liegt Lissingen mit dem wehrhaften Gebäudekomplex der Burg, nur 2 km vom Stadtzentrum Gerolstein entfernt.

Schloß Malberg

Johann Werner von Veyder

Auf einer langgestreckten Bergzunge, etwa 1 km oberhalb von Kyllburg im wildromantischen Kylltal, thront das Doppelschloß Malberg, das in seiner jetzigen Form teilweise ins ausgehende 16. bis ins beginnende 18. Jahrhundert hinein datiert. Es besteht aus einem Altbau und einem Herrenhaus und befindet sich heute in öffentlichem Besitz.
Hier im Streitbereich zwischen Trier und Luxemburg trat mit Ravensgar von Malberg schon sehr früh, und zwar im Jahre 1008, eine Eifeler Uradelssippe in die sehr bewegte Geschichte der Eifeldynastien ein. Zunächst orientierte man sich zum Kurfürstenhof Trier, wie aus den Aufzeichnungen von 1042 bis 1061 ersichtlich, denn Adalbero von Malberg trat dort als Berater in Erscheinung.
Allmählich faßten aber in der Folgezeit auch die Luxemburger in dieser Gegend Fuß und errichteten hier ihr Domizil. Dieses muß unmittelbar neben den Malbergern gewesen sein, da plötzlich von einer Ober- und einer Unterburg die Rede war. Mit diesem Nebeneinander waren Streitigkeiten vorprogrammiert.
Als man sich wieder einmal nicht einigen konnte, bemühte man sogar die hohe Gerichtsbarkeit Kaiser Friedrichs II. (1194-1250), der dann 1204 entschied, daß die eine Burg abgetragen werden sollte. Anscheinend siegte aber die Vernunft,

denn 20 Jahre später war die kaiserliche Anordnung immer noch nicht befolgt. Aber die Schwierigkeiten blieben, und die Tatsachen, daß sich die beiden Parteien nie auf einen gemeinsamen Grenzverlauf festlegen konnten, führte immer wieder zu Komplikationen.
1238 machte Erzbischof (1212-1242) Theoderich II. von Wied Malberg zum „Offenhaus" zwischen dem Stift Trier und Luxemburg. 1273 gelangte die Oberburg durch Heirat in den Besitz der Familie von Reifferscheid (als Luxemburger Lehen), und schon 1280 mußten die Herren von Vinstingen ihren Anteil, die Unterburg, aus Geldnot an den Trierer Erzbischof verkaufen.
Und der griff gerne zu, weil er das Objekt günstig von seiner verarmten Verwandtschaft erwerben konnte. Hieß doch der Erzbischof (1260-1286) Heinrich II. von Vinstingen, war in Malberg geboren und dehnte auf diese Weise planmäßig und zielstrebig die Herrschaft des Erzbistums aus. Und um die Präsenz Luxemburgs auf Malberg zu neutralisieren, ernannte er den Ritter Rudolf von Malberg zu seinem Burggrafen für die etwa 1 km flußaufwärts erbaute Feste Kyllburg.
Im Jahre 1402 schien die Burg noch doppelherrig gewesen zu sein. Die „untere" Burg gehörte dem Erzbischof, und auf der „oberen" saßen die Malberger, die den Luxemburger Grafen lehnspflichtig waren. Ständig wechselnde Weiterbelehnung und Verpfändung führte zu einer derart verwickelten lehnsrechtlichen Lage, daß man sich 1404 endlich aufraffte, eine vertragliche Regelung zu treffen.
Darin wurde festgelegt, daß Trier und Luxemburg an beiden Burgen gleiche Rechte hatten und die obere in gutem Bauzustand zu halten sei. Dies galt auch für die untere, zum Teil schon abgebrochene, falls sie wieder aufgebaut würde. Letztere, vom Erzbischof an Konrad von Brandscheit verpfändet, war unter diesem in einen erbarmungswürdigen Zustand geraten.
1659 bekleidete Johann Heinrich von Veyder, aus dem altadeligen Geschlecht der Viandener von Dasburg stammend, die Amtmannstelle in Malberg. Seine beiden Söhne Johann Christoph und Johann Werner erwarben in den Jahren 1678-1681 von den Erben d'Ardres und von Criechingen die gesamte etwas desolate Herrschaft zu einem niedrigen Preis.
Johann Werner von Veyder, zum bedeutendsten Sproß der Familie avanciert, ließ ab Anfang des 18. Jahrhunderts die Gebäude zu einem vornehmen Herrensitz im Stile der Zeit umgestalten. Als Weihbischof von Köln suchte er in der Abgeschiedenheit des Kylltales Ruhe und Erholung von seinem anstrengenden Amt. Nach Festlegung des malbergischen Fideikommiß (unteilbares Erbe) vermachte er das Schloß nebst großem angesammelten Vermögen seiner Familie, in der sich der von Kaiser Karl VI. (1685-1740) am 10. Januar 1732 in den Reichsgrafenstand erhobene Franz Moritz von Veyder durch Ausbau und Ausstattung besonders hervortat.
Im großen und ganzen blieb das Schloß seit Mitte des 18. Jahrhunderts unverändert, doch die Zeit der Französischen Revolution und der Napoleonischen Kriege war für die Besitzer außerordentlich schwierig.
Mit dem im Jahre 1823 geschlossenen Heiratsvertrag brachte die Erbin, Ernestine von Veyder, das riesige Vermögen mit in die Ehe mit dem Trierer Oberförster Franz Gerhard Schmitz. Die Schmitzschen Nachfolger lebten bis zur Übernahme durch die Verbandsgemeinde Kyllburg im Schloß, das z. Z. eine gründliche Renovierung erfährt.

Wegbeschreibung

Rund 20 km nördlich von Bitburg liegt oberhalb des Kylltales das Schloß Malberg. Es ist leicht auf der den Fluß entlangführenden Landstraße via Kyllburg erreichbar.

Manderscheider Burgen

Ein Rundgang über die ausgedehnte Niederburg und ihre Festungsanlage mit dem sogenannten Portenhaus und der erhaltenenen Kapelle, der Saal des Palas mit Gewölbekeller und dem Bergfried erleichtern in der Phantasie die Ergänzung der Türme und Häuser mit Dächern und Fenstern zu ihrer einstigen Gestalt, die, verputzt und gestrichen, den Betrachter um ein Vielfaches eindrucksvoller und monumentaler gefesselt haben müssen.
Die Burg ist täglich geöffnet (der Montag ist Ruhetag) und bis auf einige Wochen im Winter immer zu besichtigen. Auch Führungen bietet die Burgenverwaltung nach Voranmeldung an. Ein 20minütiger Weg führt zur Oberburg, von der nur noch der fünfgeschossige Turm das Bild der Ruine zwischen den zerstörten Ringmauern und Gebäuderesten prägt. Von der begehbaren Turmspitze bietet sich dem Betrachter ein lohnenswerter Ausblick.
Besichtigung: 1. März - 15. November und während der Weihnachtsferien
Samstag-Donnerstag von 9.30-18.00 Uhr

Im schönen Liesertal bieten die beiden weltbekannten Manderscheider Burgen jedem Besucher ein unvergeßliches Bild. Oberburg und Niederburg liegen zwar nur einen Steinwurf voneinander entfernt, doch hier trafen im Laufe der Geschichte unterschiedliche Interessen und Besitzverhältnisse aufeinander. Es ist nur eine von vielen Episoden im Kampf derjenigen, die sich im Eifelraum festsetzen und durchsetzen wollten.
In Oberhoheit teilten sich die der Kurfürst von Köln, der Herzog von Jülich, der Kurfürst von Trier und der Graf von Luxemburg den Gesamtraum. Das stark modellierte Gebirgsland Eifel brachte es mit sich, daß zum Schutz von Territorien, der lebenswichtigen Sicherung von Handels- und Verkehrswegen, Siedlungen und Besitzungen Schutz- und Wehranlagen notwendig waren.
Erstmals wurde die Oberburg, über deren Erbauung nichts bekannt ist, in einer Schenkungsurkunde Kaisers Otto II. (973-982) an den Erzbischof (964-977) Theoderich von Trier im Jahre 973 erwähnt. Die bischöflichen Schutzburgen wurden ergänzt durch Burgen des Adels, die in ein Bündnis- und Vertragsverhältnis aufgenommen wurden oder gegen Zahlungen, Sonderrechte und Zuwendungen diese Aufgaben übernahmen. Konflikte waren somit vorprogrammiert.
Richard von Manderscheid, erstmals 1133 erwähnt, war Vogt der Abtei Echternach. Den Echternachern war es gelungen, den Kaiser dafür zu gewinnen,

daß ihnen die Reichsunmittelbarkeit erhalten blieb. Die Schutzherrschaft darüber lag in den Händen Heinrichs, des Grafen von Luxemburg und Namür.
Durch diese Verhältnisse ließ eine Fehde zwischen Heinrich und dem Trierer Erzbischof Albero (1131-1152) nicht lange auf sich warten. Die unbefriedigenden Besitzansprüche konnten aber nur vom Kaiser selbst geklärt werden. Und so brachte man sie vor den Reichstag, auf dem 1147 zu Speyer in einem Friedensvertrag zwischen den beiden Parteien endgültig geklärt wurde, daß die alte Manderscheider Oberburg ins Eigentum der Trierer überging.
Durch stete weitere kleinere Scharmützel war die Bausubstanz derart geschädigt, daß Erzbischof Hillin (1152-1169) sie durch einen Neubau ersetzte, der über viele Jahrhunderte bis zur Auflösung des Kurstaates von den Trierern als „Dienststelle" für den jeweils dort residierenden Amtmann genutzt wurde. Obwohl im Dreißigjährigen Krieg stark zu Schaden gekommen, war sie 1658 noch bewohnbar, wurde aber nach der Zerstörung durch die Franzosen 1673 nicht mehr ausgebaut.
Nach Übergang der Oberburg in Trierer Besitz mußten sich die Manderscheider Edelleute wohl nach einem neuen Domizil umsehen, und so errichteten sich Richard und Walter von Manderscheid auf der anderen Bachseite der Lieser die Niederburg.
Durch geschickte Heiratspolitik schufen sich die Niederburger Edelleute ihre eigene Machtbasis und lösten sich mit der Zeit immer mehr aus ihrer Rolle als vogteiliche Verwalter der Interessen des Hauses Luxemburg. Mit „Diplomatie" (besser würde man wie der Historiker P. Neu „Schaukelpolitik" sagen) erhielten sie ihre freundschaftlichen Kontakte sowohl zum Trierer Kurfürsten als auch zum Luxemburger Grafen.
Wilhelm von Manderscheid, 1320-1345, verheiratet mit Johanna von Blankenheim, begann seinen Besitz auszubauen. Derartige Bestrebungen konnten Kurfürst und Erzbischof (1307-1354) Balduin beim Aufbau seines Kurstaates nur hinderlich sein.
Daher zwang er Wilhelm V. einen Vertrag auf, der diesen verpflichtete, nirgends sonst noch eine Burg zu bauen, damit diese für Balduin nicht *„hindirlich und schedelich"* werden könnte. Aber da Wilhelm sich nicht daran hielt, kam es zu kriegerischen Auseinandersetzungen mit dem Trierer Kurfürsten. Alle Versuche Balduins nahmen jedoch einen kläglichen Ausgang. Es verwundert nicht, daß der Kurfürst trotz einer fast zweieinhalbjährigen Belagerung erhebliche militärische Probleme bekam und sich beinahe die Zähne ausgebissen hat. Die Burg beherrschte das ganze Tal, die Straße, den Lieserbach und war einfach nicht einzunehmen (zumindest bis zum Zeitpunkt der Erfindung des Schießpulvers).
Die Manderscheider Dynastie stand unter keinem guten Stern, und sie verlor ihre Vormachtstellung nach der Aufteilung in die drei Linien Manderscheid-Kail, Manderscheid-Schleiden und Manderscheid-Blankenheim. Mit der Eroberung durch Erzherzog Albrecht von Österreich 1618 blieb die Niederburg dann unbewohnt.
Zwei Jahre nach der Zerstörung der Oberburg ließ 1675 der französiche Marschall Fourille auch die Niederburg in Brand schießen. Durch ihre exponierte Lage werden die zwei Ruinen als Glanzpunkte des mittelalterlichen Burgenbaus gerühmt, und dieses Urteil mag auch den heutigen Besucherandrang erklären.

Kloster Himmerod

In der Nachbarschaft: Kloster Himmerod. Hier prägten Zisterziensermönche die Kultur einer großen Region. Als 1802 durch napoleonische Gesetze das Kloster aufgelöst wurde, gingen wertvolle Bände aus der Bibliothek verloren, die aber heute wieder viele Kostbarkeiten birgt. Nach der Kriegszerstörung wurde die dreischiffige Pfeilerbasilika wieder aufgebaut. Zu der sehenswerten Anlage mit spätgotischem Kreuzgang und umfassenden Klostergebäuden gehört ein Mühlengebäude aus dem 17. Jahrhundert, das restauriert und zur internationalen Begegnungsstätte ausgebaut ist. 1998 feierte der Zisterzienser-Orden sein 900jähriges Bestehen.
Das Kloster ist ganzjährig geöffnet und besonders berühmt für seine festlichen Abtei-Konzerte. Auf einer bekannten Klais-Orgel finden sie in den Sommermonaten statt.

Besonderheiten der Burgen:

Immer am letzten Augustwochenende findet ein historisches Burgenfest statt und versetzt seine Besucher ins Mittelalter. Minnesänger stimmen Lieder der Liebe an, Landsknechte singen schwärmend von Lagerleben und Kämpfen, Gaukler zeigen ihre Tricks, Handwerker arbeiten nach alter Väter Sitte und Ritter tragen mit Lanze, Spieß und Schwert Turniere aus.

Wegbeschreibung

Manderscheid hat eine Ausfahrt auf der Eifelautobahn A 1 / A 48, und nach 8 km erreicht man die Talsohle am Flüßchen Lieser. Die zwei Burgen sind so augenfällig, daß man sie nicht verfehlen kann.

Genovevaburg Mayen

Legende

Die in den Volksbüchem weit verbreitete romantische Genovevalegende hat sich fest in der Überlieferung des Mayengaues verankert. Schon die älteste Niederschrift aus dem Jahre 1448 berichtet, daß Graf Siegfried seine Gemahlin Genoveva (die ein Kind von ihm erwartete) mit dem Hofmeister Golo auf seinem Schloß, „castro Symern in pago Meifeldensi“ zurückließ, als er zum Kriegszug gegen die Sarazenen auszog.
Golo versuchte, die Gräfin für sich zu gewinnen, doch Genoveva wies ihn entrüstet ab. Noch während der Abwesenheit Siegfrieds gebar sie einen Sohn. Üble Gerüchte nährten seine Eifersucht, und als nach seiner Rückkehr Golo die Gräfin aus Rache verleumdete und sie beschuldigte, mit dem Koch die Ehe gebrochen und von diesem ein Kind zu haben, beauftragte Siegfried seinen Hofjäger, Frau und Kind in den Wald zu bringen und zu töten. Das brachte der Jäger nicht fertig und ließ die beiden frei.
Genoveva ernährte sich und das Kind von der Milch einer Hirschkuh und verbrachte viele Jahre in einer Höhle.
Zwischenzeitlich war dem Grafen längst die Unschuld seiner Frau bekannt. Als er wieder einmal auf Jagd unterwegs war und einer weißen Hirschkuh folgte, entdeckte er die beiden lebend in der Höhle, warf sich auf die Knie und bat sie um Vergebung wegen seines großen Unrechts. Genoveva verzieh ihm. Golo aber verurteilte ein Gericht zum Tode durch Vierteilung.
Da sich aber diese Ereignisse im 8. Jahrhundert zutrugen, müßte es hier schon eine frühere Befestigungsanlage gegeben haben, doch fehlen dafür die Beweise. Auch der Vermerk von 1864 in einer statistischen Darstellung des Kreises Mayen hilft da nicht weiter wo es u.a. heißt: *„... Vor kurzer Zeit hat der jetzige Besitzer der Genofevaburg bei der Wegarbeitung des Schuttes in den unterirdischen Räumen des Thurmes die Kette gefunden, woran nach seiner Ansicht Golo angeschmiedet gewesen sein müsse.“*

Noch immer prägt der kurtrierische Amtssitz das Stadtbild, und die von Erzbischof (1260-1286) Heinrich II. von Finstingen im letzten Viertel des 13. Jahrhunderts errichtete Burganlage ist trotz Zerstörungen, Wiederaufbau und Erweiterungsarbeiten noch gut erkennbar.
Als im 11. Jahrhundert die Trierer Erzbischöfe den Reichshof in Koblenz erwarben und in der Folgezeit auch erhebliche weltliche Macht errangen, wurde es notwendig, hier auf der die Talweite beherrschenden devonischen Felskuppe eine Befestigung anzulegen. Mit dem Bau der Burg sicherte man die lebenswichtige Verbindung auf der alten Handelstraße über Trier durch die Eifel nach Koblenz zwischen dem oberen und unteren Erzstift. Gleichzeitig schützte Heinrich II. hier am Straßenknoten Mayen seine Herrschaft im Mayengau und bot damit auch dem weiteren Ausdehnen des Kirchensprengels der Kölner Erzbischöfe Einhalt.
Aber die Stadtgründung Mayens geht nicht auf Heinrich von Finstingen zurück, wie es in den Aufzeichnungen der „Gesta Trevirorum“, der mittelalterlichen Chronik der Trierer Erzbischöfe, fälschlicherweise heißt: *„Die Stadt Mayen gründete er, und ebendort baute er eine Burg, die er der Trierer Kirche unterstellte“.* Hier liegen mit Sicherheit Verwechselungen vor, und wahrscheinlich wurde dies erst 50 Jahre nach Heinrichs Tod der Gesta Trevirorum beigefügt. Unter seinem Nachfolger Erzbischof (1289-1299) Boemund I. von Warsberg erhielten neben Mayen auch noch Bernkastel, Montabaur, Saarburg, Welschbillig und Wittlich die Stadtrechte von Rudolf I. von Habsburg (1218-1291). In einer Urkunde vom 27. Mai 1281 wurde die Burg erstmals erwähnt. In ihr sprach Erzbischof Heinrich dem Ritter Heinrich von Bürresborn Rentenzahlungen zu, wofür die zwei Mayener kurfürstlichen Mühlen haften sollten. Danach war der Bau wohl soweit gediehen, daß Burgmänner, die von den Adeligen der Umgebung gestellt wurden, ihren Dienst aufnahmen. Sie legten vor dem Erzbischof den Lehnseid ab und mußten im Kriegsfalle Hilfe leisten. Aus dieser Epoche sind von der ursprünglichen Anlage die östliche Wehrmauer mit dem Portal zum Burghof, der Bergfried, die südwestliche Mauer, der nördliche Turm bis zum Dachgeschoß und die

Westmauer mit dem eingebundenen Halbturm erhalten. Lediglich das Hauptgebäude der Nordseite und der ostseitige Turm bis zur Kellermauer wurden erneuert. Und da sich der Erzbischof hier aufhielt, wenn er sein Fürstentum bereiste, dürfte es auch eine Kapelle gegeben haben, die mit den Wohnräumen in enger Verbindung stand.

Dem kurfürstlichen Amtmann im Oberamt Mayen war als Richter nur ein Teil der Gerichtsbarkeit übertragen. Das sogenannte Hals- oder Blutgericht unterlag dem Landesherrn. Hierfür waren zwei Zellen im Eingangsgeschoß des Goloturms eingerichtet. Viele Graffitis haben die unfreiwilligen Bewohner in die Wände geritzt. Neben Mördern, den politischen Gefangenen und den Opfern des Hexenwahns, die hier zwischen Folterung und Hinrichtung schmachteten, hielt man auch Gebildete der Oberschicht gefangen. Darauf deuten einige der Zitate hin, die Kenntnisse der Schrift und der lateinischen Sprache belegen. Und auch die Christusmonogramme „IHS" mit Kreuz und die Kreuzesaufschrift „INRI" bezeugen, daß die Gefangenen ihre Hoffnung auf Gott und die Fürbitten der Heiligen setzten.

Abgesehen von kleineren Händeln und Fehden mit Rittern der Nachbarschaft trugen Burg und Stadt erst 1688/89 schwere kriegerische Schäden davon. Am 11. Mai 1689 berichtete der Virneburger Amtmann seinem Herrn nach Wertheim: *„Freytags den 6. May ist der General Surdis morgents fruhe von Meyen, nachdem dasiges Churfürstliches Schloß gäntzlich eingeäschert, uffgebrochen... Die Stadt Meyen ist dergestalt zugerichtet, das, als vorgestern darin gewesen, selbige ohn weinente augen hab nicht anschawen konnen."*

Nach dem gelungenen Wiederaufbau, mit dem Kurfürst Johann Hugo von Orsbeck, der von 1676 bis 1711 Erzbischof war, den Ingenieur und Hauptmann Philipp Josef Honorius Ravensteyn (später beförderte er ihn zum Hofbaumeister) 1700 beauftragt hatte, ist es schon schmerzlich zu wissen, daß nur schnöde Gewinnsucht und die Vielzahl der Besitzer (die alle nichts zur Erhaltung beitrugen) dem Bau Anfang des 19. Jahrhunderts schwer zusetzten. Ein Großbrand 1902 tat sein übriges. Die im letzten Krieg zerstörten Teile sind heute jedoch wiedererrichet. Die Genovevaburg mit dem „Eifeler Landschaftsmuseum" und der eindrucksvollen erdgeschichtlichen Sammlung zählt zu den großen Museen des Rheinlandes. Führungen nach telefonischer Vereinbarung und Besichtigungen sind jederzeit möglich (ausgenommen am Montag). Außerdem ist hier die Bibliothek des Eifelvereins mit über 12.000 Bänden aus allen Wissensgebieten untergebracht. Regelmäßige Sonderausstellungen in den Repräsentationsräumen, Konzerte und die bekannten Mayener Burgfestspiele im romantischen Innenhof ziehen viele Besucher an.

Die Burg in der Ansicht von Heinrich Alken, 1779

Wegbeschreibung

Mayen bildet den Mittelpunkt der vulkanischen Osteifel, liegt im geschützten Tal der Nette, ist Hauptort des fruchtbaren Maifeldes und leicht über die Autobahnen 61 und 1 zu erreichen. Unverkennbare Merkmale:
die alles überragende Burg und der schiefe Kirchturm der St. Clemenskirche.

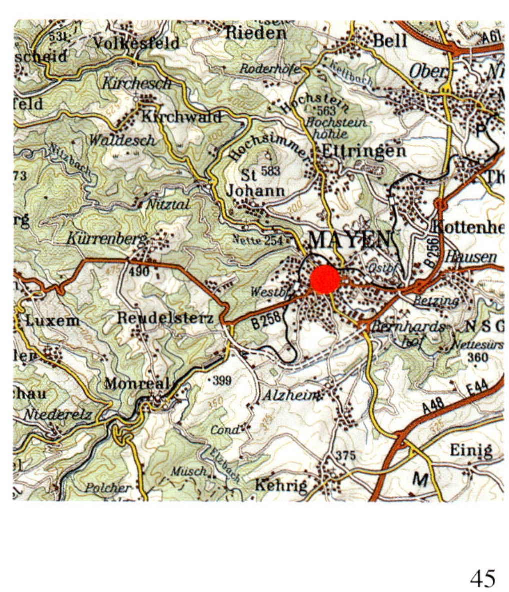

Schloß Merode

Schloß Merode ist im Krieg stark zerstört und sämtliches Inventar vernichtet worden.

Das Schloß wird auch heute noch von der Familie des Prinzen von Merode privat bewohnt und kann nicht besichtigt werden. Die Repräsentationsräume aber werden für Tagungen usw. an Gruppen und Organisationen vermietet.

Im Rahmen eines traditionellen Dorffestes ist der Schloßpark einmal im Jahr zugänglich.

Schloßverwaltung Merode Tel. 02423/2296

„Die Herrschaft" sagt man hoch heute und meint damit das ursprünglich aus sieben Dörfern bestehende „Meroder Ländchen" in der Nähe von Düren. Es war einst Königsgut, das von Reichsdienstmannen verwaltet wurde. Die Nachkommen, die Fürsten von Merode, bewohnen das Schloß nunmehr seit mehr als 800 Jahren.

In zwei Urkunden von 1174 trat Werner von Merode in einem Rechtsstreit des Kaisers Friedrich I. (1125-1190) Barbarossa (Rotbart) als Zeuge auf. Werner entstammte einer Reichsdienstmannenfamilie der Reichsburg Kerpen a. d. Erft und wurde mit der Verwaltung des zum Reichsgut gehörenden Hofes Echtz (bei Düren) betraut. Er baute sich hier auf einer Rodung in der Übergangszone zwischen der von der Rur durchflossenen fruchtbaren Lößplatte und den bewaldeten Eifelausläufern seinen Sitz, nach dem er und seine Nachfolger sich benannten (lat.: „de Rode", mittelhochdeutsch: „van deme Rode" oder „van me Rode"). Werner selbst und seine Nachfolger Werner II. (1218-1227) und Werner III. (1246-1278) stellten im engeren Kreis mit weiteren Aachener Reichsdienstmannen eine starke Präsenz der Reichsgewalt um die „Königliche Villa" in Düren und die „Pfalz" in Aachen. Doch mit der immer schwächer werdenden Stellung des

Kaisers verselbständigten sich die Meroder noch im gleichen Jahrhundert.
Werner III. trat gerne in der Umgebung des Grafen von Jülich auf, fühlte sich zeitlebens mit ihm eng verbunden, doch es bleibt offen, ob er mehr seine eigene selbständige politische Rolle spielte oder nur Parteigänger von Wilhelm IV. (1219-1278) war.
1348 entließ Kaiser Karl IV. (1316-1378) die Meroder Herrschaft aus der Lehnshoheit des Reiches und unterstellte sie den Jülichern. Den Verlust der Reichsunmittelbarkeit haben die Meroder den Herzögen von Jülich gegenüber immer nur partiell anerkannt, und sie verstanden es, mehr als 400 Jahre lang (bis zum Untergang des alten Reiches) innerhalb des Jülichschen Staatenverbandes eine Sonderstellung zu bewahren. Um 1455 behaupteten sie: *„dat slot van Meroede met den lande ende hoeger heerlicheit is eyn keyser leen“* und unterstehe nur zur Hälfte der Lehnshoheit von Jülich.
Bis Anfang des 18. Jahrhunderts stritten sie sich ständig mit den Herzögen um Steuern, Titel und Gerichtsrechte und widersetzten sich unter Berufung auf ihre Unabhängigkeit deren Zentralisierungsbestrebungen.
1712 bemühte sich der berühmteste Mann der Familie, Johann Philipp Eugen Graf von Merode und Marquis von Westerloo, um die Erhebung der Herrschaft in ein Reichsfürstentum. Er machte als kaiserlicher Feldmarschall seinen Einfluß geltend, und obwohl Kaiser Karl VI. (1685-1740) dem Gesuch offenbar nicht ablehnend gegenüberstand, scheiterte es an der Haltung des Herzogs von Jülich und Kurfürsten von der Pfalz. Er hatte zwar nichts gegen den Fürstentitel einzuwenden, wollte aber die alte Reichsunmittelbarkeit nicht wieder hergestellt sehen und bestand auf der Lehnshoheit über das neu zu schaffende Fürstentum Merode.
Noch im 18. Jahrhundert erbte die jetzt zu Fürsten aufgestiegene Familie etliche Grafschaften, u. a. die Fürstentümer Reempré, Grimbergen und das Marquisat Trélon, die fast alle im heutigen Belgien liegen.
Im Oktober 1794, nach dem Einmarsch der französischen Revolutionstruppen, hob man die Verfassung in Merode auf und ersetzte sie durch ein Behördensystem nach französischem Muster. Unterste Verwaltungseinheit war die Mairie. Sie wurde in Echtz eingerichtet und umfaßte genau den alten Herrschaftsbereich. Nach 1815 fielen die Rheinlande an Preußen. Man übernahm die von den Franzosen geschaffene Verwaltung mit dem kleinen sprachlichen Unterschied, daß aus der Mairie die Bürgermeisterei wurde.
Und als dann 1972 das Neugliederungsgesetz zur Verwaltung in Kraft trat, ließen die Entscheidungsträger sicherlich die historischen Gesetzmäßigkeiten unberücksichtigt.

Wegbeschreibung
Etwa 2 km abseits der Bundesstraße 410 zwischen Langerwehe und Düren in der Nähe von Schlich liegt das Schloß.

Schloß Monaise

Rundgang

Zum Reiz des Schlosses gehört ein Bummel durch die Garten- und Parkanlagen mit den darin eingestreuten Parkbauten, wie Monopteros (Rundtempel), den vier, den Bau umrahmenden Pavillons, der Grabkapelle der Frau v. Blochhausen sowie der „Gloriette", jenem kleinen durchsichtigen Bauwerk zur Mosel hin, wo ehemals der streng angeordnete „französische Garten" lag. Über die von Sphinxen bewachte Freitreppe erreicht man den Haupteingang. Vom Erdgeschoß führt eine kunstvoll konstruierte Steintreppe hoch zur Beletage und weiter ins zweite Obergeschoß. Durch das Empfangszimmer betritt man den mit reichhaltigen Stukkaturen und Schnitzereien versehenen, nahezu quadratischen Salon. Einige schnitzwerkverzierte Türen fallen besonders ins Auge, wovon zwei interessanterweise nur Scheintüren sind, die auf der einen Seite einen Wandschrank und gegenüber die kompliziert eingebaute Dienertreppe ??!! verbergen. Sie führt vom Souterrain bis ins zweite Obergeschoß vor das ehemalige Schlafzimmer des Grafen, neben dem sich noch ein kleines Kämmerchen, die Toilette und ein achteckiges Kabinett befinden.

Nur wenige Kilometer außerhalb der Stadt Trier, an den Ausläufern der Eifelberge, eingebettet zwischen fruchtbarem Ackerland und herrlicher Flußlandschaft, liegt das Lustschloß des Trierer Domprobstes Philipp Franz von Walderdorff (1739-1810).

Nach Urkunden des 16. Jahrhunderts befand sich dort das vereinigte Hofgut Niederkerig, das vormals aus zwei freiadligen Anwesen bestand. Als diese wegen Überschuldung nicht mehr zu halten waren, kaufte sie in den Jahren 1641 und 1642 nacheinander die reiche Abtei Echternach und verband sie zu einem Anwesen. 1779 erwarb dann Philipp Franz Wilderich Nepomuk Graf von Walderdorff, so der vollständige Name des Grafen, das Gut und ließ sich dort in unmittelbarer Ufernähe eine Sommerresidenz errichten. Beim Kauf muß wohl sein Onkel, der mächtige Trierer Kurfürst Johann Philipp von Walderdorf, ein wenig nachgeholfen haben.

Die Bauarbeiten wurden dem französischen Architekten François Ignace Mangin übertragen, der den Typus des Schlosses selbst als „italienisch" bezeichnete. Als junger Student hatte der Graf 1762 und 1763 Italien, Frankreich und England bereist. Die Villenbauten des italienischen Renaissancearchitekten Andrea Palladios (1508-1580) mögen ihn ebenso inspiriert haben wie ganz Westeuropa, wo die Sommer- und Gartenvillen des 16. und 17. Jahrhunderts bis weit ins 19. Jahrhundert als Vorbild für adelige und großbürgerliche Landsitze dienten. Und da es in dieser Epoche als schick galt, „französisch" zu sprechen, wurde auch der Name des Schlosses dieser Sprache entlehnt. „Mon aise" bedeutet „Meine Muße".

Auch die Architektur versuchte den neuen Anspruch eines aufgeklärten Zeitalters wiederzugeben und wurde von jedem „Barockpathos“ und von allem frivol geltenden, verspielten, „Rokokohaften“ befreit.
Das Schloß orientiert sich eigentümlicherweise nicht mit der Hauptfront nach Süden und zur Sonne hin, sondern nach Norden mit Blick auf die Stadt und den Dom. Elegante Zurückhaltung und strenge Symmetrie zeigen die charakteristisch sparsamen klaren Formen des Frühklassizismus. Über der in den Baukörper eingetieften Loggia mit ihren vier ionischen Säulen, die in voller Höhe die beiden Obergeschosse zusammenfassen, prangt an der Dachbalustrade das von Löwen gehaltene Walderdorffer Wappen mit der krönenden Inschrift: „OTIUM CUM DIGNITATE“, zu deutsch: „Genieße die Ruhe mit Würde“.
Lange blieb der Graf diesem Motto nicht treu. Oder ahnte er bereits, ausgelöst durch die französische Revolution des Jahres 1789, die sich abzeichnende, über Europa hinwegziehende Freiheitsbewegung? Denn wie sonst mag es zu erklären sein, daß er nach nur 8 Jahren Nutzung das Schloß an Elenore von Blochhausen (Witwe des herzoglich-luxemburgischen Gerichtsrates Josef von Blockhausen aus Bitburg) verkaufte. Seine Berufung zum Fürstbischof von Speyer hatte darauf bestimmt keinen Einfluß.
Kaum hatte 1822 Frau von Blochhausen die Augen für immer geschlossen und war in der von ihr erbauten Grabkapelle (nur wenige Meter von der südlichen Schloßecke entfernt) beigesezt, begann unter den Erben das übliche Gerangel. Sie ließen das Anwesen versteigern, und Valentin Leonardy, ein gut betuchter Trierer Industrieller, erhielt den Zuschlag. Nach 30 Jahren trennte er sich davon, verkaufte an das Bischöfliche Priesterseminar, von dem dann 1874 Eduard Puricelli das Schloß erwarb. Wie E. Zenz darstellt, war Puricelli auch ein reicher und angesehener Bürger Triers. Als Hüttenbesitzer und Gasfabrikant (mit ihm hatte 1865 die Stadt einen Gaslieferungsvertrag für 35 Jahre abgeschlossen) stellte er großzügig hohe Summen für kirchliche und soziale Zwecke zur Verfügung und konnte sich so einer allgemeinen Beliebtheit erfreuen. Nach dem Tode Puricellis erbte seine Tochter, die Freifrau Maria von Schorlemer-Lieser, das Schloß. 1920 nahmen die Vereinigten Hospitien „Monaise“, eines der interessantesten noch vorhanden Baudenkmäler der „Louis-Seize-Epoche“ auf deutschem Boden, in Besitz. Und im Zuge der wohl eigenartigsten Verwaltungsreform nach dem Zweiten Weltkrieg gelangte 1969 das Schloß ins Eigentum der Stadt Trier, befand sich über viele Jahre in einem jämmerlichen Zustand und wurde dann nach einer engagierten Rettungsinitiative endlich von 1993 bis 1997 vorzüglich restauriert. Heute befindet sich im Souterrain und Erdgeschoß ein ausgezeichnetes Restaurant, die „Belétage“ bleibt aus konservatorischen Gründen einer festgelegten Anzahl repräsentativer Veranstaltungen vorbehalten. Im zweiten Obergeschoß entstanden Büros, und aus dem Attikageschoß wurde

Das Walderdorffer Wappen mit Löwen und Inschrift

Auszug aus dem Testament des Grafen von Walderdorff

„Zu frommen Stiftungen vermache ich Nichts. Gott, der Allmächtige! weiß, daß ich mein ganzes eigentümliches Vermögen, mit Ausschluß der Pretiosen und meines Antheils an der Familie, zu guten und frommen Absichten zu verwenden entschlossen war, allein da bei denen dermaligen aufgeklärten Zeiten Nichts mehr heilig ist und Alles, was zur Ehre Gottes, zur Religion, zum Altare und zur Aufmunterung der Altardiener bestimmt wird, gegen Zerstörung, Raub und gewissenlose Bemächtigung nicht mehr sicher ist: so wäre es Thorheit, das Geringste dahin zu verwenden.“

Der Baumeister

François Ignace Mangin, am 31. Juli 1742 als Sohn des Bildhauers Pierre Mangin in Pont-à-Mousson geboren, wurde ein geschätzter und anerkannter Baumeister. Durch den Verlust seines bedeutenden Baubestandes geriet er nahezu in Vergessenheit.
1793 wurde die von Goethe so geschätzte Mainzer Domprobstei, das Haus Goiollet, vernichtet, und auch das Schloß Wörstadt fiel den Revolutionswirren zum Opfer, wie auch manche Wohnhäuser in Mainz im 19. Jahrhundert abgerissen wurden.

Wegbeschreibung

Von Trier moselaufwärts Richtung Luxemburg biegt man von der stark befahrenen Bundesstraße 49 zwischen den beiden Vororten Euren und Zewen ab, folgt der Ausschilderung und erreicht nach gut einem Kilometer den Parkplatz des Schlosses.

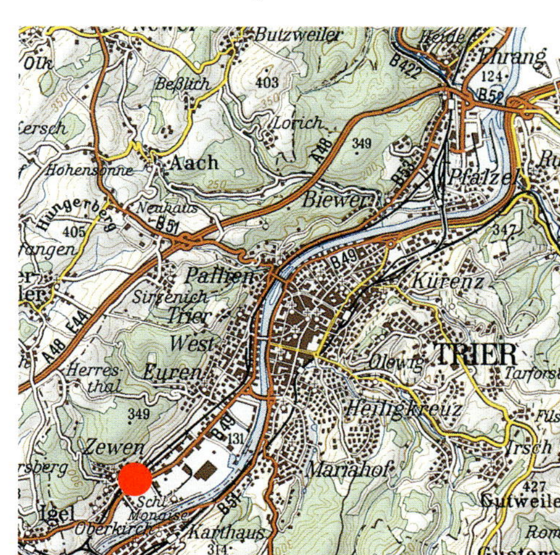

Monreal

Monreal, der bevorzugte Sitz Virneburger Grafen, hat sich den Charakter als Residenz einer Eifeldynastie bewahrt. Inmitten des engen Elzbachtals erhebt sich auf einem Bergsporn beherrschend die Hauptburg (auch „Löwenburg" genannt) und das westlich vorgelagerte Außenwerk „Rech". Von hier wurde Einfluß auf kirchliche und weltliche Ereignisse ausgeübt. Graf Hermann III. von Virneburg soll ihr den Namen „Monreal" nach der morgenländischen Burg, der deutschen Ordensburg Krak von Montreal-Schobeck, gegeben haben. Dabei erinnert gar nichts an das berühmte Vorbild südlich des Toten Meeres.

Die Geschichte Monreals begann im frühen 13. Jahrhundert. 1210 schon Pfarrort, wurde 1220 ein Ritter Emelricus von Monreal genannt, der auch Herr und Vogt zu Fankel (an der Mosel) war. Bis 1229 lag der Mantel der Dunkelheit über Monreal, und dieser lichtete sich erst, als es zwischen den beiden Brüdern Graf Hermann III. und Philipp von Virneburg zu ernsthaften Erbauseinandersetzungen kam. In einem Rechtsstreit einigte man sich schließlich in Engers am Rhein, und in dem Teilungsvertrag erhielt Hermann den Besitz der Grafschaft Monreal. Sofort setzte rege Bautätigkeit ein. Hermann ließ die Burg ausbauen und den Ort mit einer Ringmauer umschließen. Außerdem errichtete er Eingangstore, Türme mit Ausguck und Brücken.
Hatte noch Graf Heinrich I. von Virneburg (1242-1289) durch besonders besonnene politische Aktivitäten den Grundstein für den Einfluß seiner Familie in den folgenden Jahrhunderten gelegt, so kam es unter Heinrich II. zu einer ersten blutigen Auseinandersetzung. Im Grenzbereich zweier großer Machtblöcke hatte Graf Heinrich II. von Virneburg, der im Jahr 1306 auch noch auf den Stuhl des Erzbischofs von Köln gelangte und diesen bis 1332 innehatte, den Streit angezettelt.
Er wollte die zum Trierer Kurstaat gehörende Stadt Mayen seinem Familienterritorium einverleiben, um so die Herrschaft Virneburg erheblich auszudehnen. Unverfroren nutzte er seine Stellung aus und glaubte, mit Hilfe seiner Kurkölner Truppen gegen die des Trierer Kurfürsten und Erzbischofs (1307-1354) Balduin von Luxemburg leichtes Spiel zu haben. Dabei hatte er seinen Gegner unterschätzt, denn nach langer Zeit des Blutvergießens mußten die Virneburger 1334 nachgeben.
Die beiderseits gemachten Gefangenen wurden freigegeben, wobei die Virneburger auch auf den Ersatz der Verpflegungskosten Trierischer Gefangener verzichten mußten. Sie erhielten dafür das in Mayen beschlagnahmte Korn und Gut. Zusätzlich nahm ihnen Balduin das Versprechen ab, Lehnsmänner des trierischen Stiftes zu werden und ihn binnen eines Monats um Vergebung zu bitten. Und so erschien Monreal 1335 erstmals urkundlich als Lehen des Trierer Erzstiftes.
1545 starb Graf Cuno ohne Erben, und damit erlosch das Geschlecht der Virneburger. Johann IV. Ludwig von Hagen (* 1502, † 1547) wurde nach päpstlicher Bestätigung vom 10. Juni 1541 Erzbischof von Trier (ohne Weihen, um gegebenenfalls mit Heirat und Amtsverzicht die Familie vor dem möglichen Aussterben zu bewahren) und zog die Herrschaft Monreal als öffentliches Mannlehen ein. Zunächst wurde noch 1546 Graf Heinrich von Leiningen damit belehnt, doch schon 1555 nicht mehr. Es erfolgte die Umwandlung in ein kurtrierisches Amt, das bis 1794 Amtleute verwalteten.
Kaum waren die schweren Zerstörungen durch die Schweden aus dem Jahre 1632, (Zeit des Dreißigjährigen Krieges) beseitigt, brach 1689 im „Pfälzischen Erbfolgekrieg" neues Unheil über Burg und Stadt. Der Ort, 1306 unter den verwandtschaftlichen Beziehungen mit Stadtrechten versehen, erholte sich jedoch schnell und erlebte mit den seit alters her ansässigen Wollen- und Leinenwebern eine neue Blütezeit. Die beiden Burgen aber wurden nicht mehr aufgebaut.
Nach den 20 Jahren französischer Herrschaft (1794-1814) im Departement Rhein-Mosel mit dem Cantonsort Mayen gelangte die Ruine 1815 in Staatsbesitz. Regelmäßig durchgeführte Schutz-, Sicherungs- und Restaurierungsarbeiten der staatlichen Schlösserverwaltung des Landes lassen noch heute die einstige Pracht und Größe nicht nur erahnen, sondern auch ohne viel Phantasie gut erkennen.

Rundgang:

Gegenüber dem „Zehnthof" beginnt der Fußweg den steilen Berg hinauf. Man sollte öfters verschnaufen und dem gut zu überblickenden „Residenzstädtchen" seine Aufmerksamkeit nicht versagen.
Gut lassen sich der Lauf der Stadtmauer und die links und rechts des Eltzbaches ineinander verschachtelten Fachwerkhäuser aus dem 15. und 16. Jahrhundert erkennen. Ein breiter Halsgraben trennt den Bergsporn auf dessen höchstem Punkt, wo sich der runde Bergfried mit seinen 3 m dicken Mauern erhebt. Der Turmeinstieg liegt hoch über dem Erdboden und auf der dem Feind abgekehrten Seite. Eine Treppe verbindet die mit Balkendecken versehenen Geschosse. Und von der obersten Plattform (rund 25 m hoch) bietet sich dem Betrachter die Idylle des ausgehenden Mittelalters. Die Burg ist ganzjährig geöffnet und frei zu besichtigen.

Wegbeschreibung

Von der Stadt Mayen in westlicher Richtung ins enge Eltztal sind es 5 km, bis das im Grün der Wälder eingebettete mittelalterlichen Städtchen Monreal erreicht wird, über dem majestätisch der Bergfried thront.

Burg Monschau

Rokoko-Treppe im Scheibler-Museum des Roten Hauses

Monschau, tief unten im schluchtartigen Tal der Rur zwischen Fluß und Felsen von einer weitläufigen Burgruine begrünt, wird seinem Ruf gerecht, eines der malerischsten Städtchen der Eifel zu sein. Wer Monschau mit seinem vollkommen erhaltenen Stadtbild und dem Gewirr schmaler Fachwerkgassen das erste Mal von oben her erblickt, wird die Ansicht für die perfekte Kulisse eines monumentalen Historienfilms halten. So gegenwärtig ist hier überall das Mittelalter. Der Platz im felsigen Rurtal war wohl schon den Römern und den ihnen nachfolgenden Franken zu unwirtlich, denn der Beginn Monschaus in der Geschichte ist genauso umstritten wie auch der Name „Monjoie" o. ä..

Es bleibt offen, ob hier Herzog Walram II. von Niederlothringen oder der mit Richard I. Löwenherz (1157-1199) befreundete Kreuzzugsteilnehmer Walram III. von Limburg (heute niederländische Provinz) die Burg erbaute.

Ende des 13. Jahrhunderts hob sich aus einer verwickelten Erbfolge der Valkenburger, die lange auf der Burg hausten und sich mit den Herzogtümern Brabant und Limburg herumschlugen, Walram von Limburg hervor, der 1288 die Schlacht bei Worringen entschied. Durch die ständige Aufsässigkeit gegen ihre Brabanter Oberherren gerieten 1333 die Herren von Monschau (die den Namen Valkenburg weiterführten) während einer Belagerung in die Hände der Brabanter. 1352 übernahmen die Grafen von Schönforst den verpfändeten Besitz und erhoben gleichzeitig Monschau zur Stadt. Völlig verschuldet und in

Ungnade gefallen, mußten sie 1435 Stadt und Burg dem Herzog von Jülich überlassen, der die Burg zu einer Festungsanlage ausbaute.

Doch der bollwerkartige Ausbau taugte rund 90 Jahre später nicht mehr viel, als 1542/43 in der ohne Pardon geführten „Jülicher Fehde“ (siehe Nideggen) die Truppen Kaiser Karls V. (1500-1558) in die unter dem Donner ihrer Kanonen geschossenen Breschen vordrangen und in übelster Manier hausten.

Eigentlich wäre damit Monschaus Geschichte (ähnlich Nideggen) zu Ende gewesen, hätte nicht 1598 der katholische Rat der Stadt Aachen die protestantischen Tuchmacher aus ihrer Stadt geworfen. Diese siedelten sich bei den für Aachen feindlichen Jülicher Herzögen an, deren unternehmerischer Weitblick ihnen alle Voraussetzungen bot, die sie zur Herstellung ihrer Tuche unbedingt benötigten. Von den Ausläufern des kargen Hohen Venn lieferten Schafherden die Wolle, die von der verarmten Bevölkerung verarbeitet wurde. Das für Wäsche und Färbung gut geeignete kalkfreie Wasser der Rur und der fehlende Zunftzwang verhalfen Burgherren und Stadt zu einer ungeheuren Blüte.

Ein Paradestück frühkapitalistischen Aufstiegs neben dem Adel begann mit Johann Heinrich Scheibler, der ab 1726 Monschaus Tuchen Weltruf verschaffte. Mit 15 begann er eine Lehre in einer Tuchfabrik im benachbarten Imgenbroich. Kaum 18, heiratete er die verwitwete Tochter seines Lehrherrn und übernahm den Betrieb des Verstorbenen.

Um 1730 importierte er die feinere spanische Merinoschafwolle und war mit einem Schlag konkurrenzfähig gegen die besten französischen und englischen Tuche. Bereits 1762 beschäftigte er 4000 Menschen. Er und seine Konkurrenten bildeten die neue reiche Oberschicht, gründeten 1742 ihren eigenen Interessenverband, die „Feine Gewandschaft“, und bauten sich Bürgerresidenzen, denen viele Adelswohnsitze in ihrer Ausstattung nachstanden.

Mit dem Ende der Feudalzeit verblaßte auch Monschaus Ruhm. Mit dazu beigetragen hatte die technische Entwicklung und damit die wesentlich billigere industrielle Fertigung. Als dann noch die französischen Behörden ungeheure Liefermengen feinster Tuche mit enormem Wert von den Fabrikanten forderten und sie dann mit wertlosen Assignaten bezahlten, kam der wirtschaftliche Ruin so plötzlich, daß die Stadt in einen Dornröschenschlaf verfiel.

„Wachgeküßt“ hat sie die Fremdenverkehrsbranche. Um den Erhalt der Burg, um die Jahrhundertwende von der Stadt angekauft, bemüht man sich sehr erfolgreich. Der ehemalige Rittersaal wurde Jugendherberge und die untere Vorburg Mariahilfspital.

Erhalten blieben ferner der Bergfried, der Palas mit dem alten Rittersaal und ein mächtiger, mit zwei Rundtürmen bewehrter Torbau des 14. Jahrhunderts. Der wuchtige runde Batterieturm, auch „Eselsturm“ genannt, bildet den Zugang zur Unterburg. Und alljährlich drängen sich im weiträumigen Burghof die Besucher, ganz besonders zu den Monschauer Festspielen.

Wegbeschreibung

Auf der Bundesstraße 258 sind es, von Schleiden kommend, rund 28 km. Aus dem Kölner Raum: die A 4 bis Kreuz Aachen, dann weiter auf der A 44 bis kurz vor der belgischen Grenze, Ausfahrt Aachen-Brand. Dann auf der B 258 über Roetgen nach Monschau.

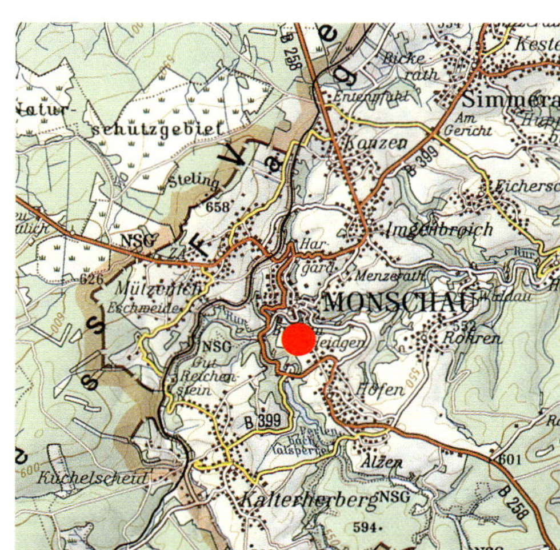

Neuerburg

Das Neuerburger Geschlecht stammt eindeutig von einem Grafensohn aus Vianden und stand stets unter deren Lehnshoheit, die aber selbst unter der Oberhoheit der Grafen, später der Herzöge von Luxemburg, standen. 1132, unter dem Ritter Theoderich von Neuerburg, hieß es u. a. in einer Urkunde: *„...de novo castro...“*.

Wer die mächtige Festung der Burg im romantischen Tal der Enz oberhalb des Städtchen Neuerburg studiert, mag nicht so recht glauben, hier ein historisches Zentrum der Westeifel zu finden. Nach dem „Prümer Urbar“, dem Güterverzeichnis des Klosters Prüm, das Abt Regino nach dem zweiten Normannensturm des Jahres 892 anfertigte, sollen die Prümer Mönche in ein *„castrum noviter constructum“*, also eine neu errichtete Burg geflohen sein, die dann aber ebenfalls von den „Wikingern“ zerstört worden sei.

In der Folgezeit dehnte sich eine fortlaufende Linie des Neuerburger Herrengeschlechts auf 35 Ortschaften aus, die das Gebiet von Pronsfeld im Norden bis Oberweis im Südosten einnahm und sich durch eine eigenständige Politik mehr und mehr vom Stammhaus Vianden entfernte. Eine genaue Datierung ist schwierig, hatten doch die ersten vier Herren der Dynastie den gleichen Vornamen und unterzeichneten stets mit *„Fridericus Dominus de novo castro“*.

Der letzte Neuerburger Ritter ist bereits mit dem ursprünglichen Geschlecht nur noch verschwägert, stammte aus dem Geschlecht der Brandenburger (Luxemburg) und wurde unter dem Namen Friedrich IV. (1327-1332) von Neuerburg und Brandenburg nur deshalb bekannt, weil er kurz vor seinem Tod 1332 dem Ort die Stadtrechte verlieh. Ohne männlichen Erben gingen Burg und Herrschaft an das Geschlecht der Kronenburger über, woran sich bis 1414 nichts änderte.

Rundgang

Burghof, Ruinenbereich, Burgkapelle sind jederzeit unentgeltlich zu besichtigen, soweit dies mit dem Jugendherbergsbetrieb vereinbar ist. Besichtigung der Innenräume nur nach telefonischer Anmeldung bei den Herbergseltern.

Noch im gleichen Jahr aber kamen die Rodenmacher (Luxemburg) durch Erbgang in Besitz, da Johann von Rodenmacher die Enkelin des letzten Kroneburgers, Irmgard von Boulay-Useldingen, die Neuerburger Erbin, geheiratet hatte. Durch einen unfairen Schachzug wurden 1483 die Virneburger Grafen (aus der Osteifel) Eigentümer. Doch sie konnten sich nur einer vierjährigen Regentschaft erfreuen, denn schon 1487 starb ihre männliche Linie aus, und es kam zu einer bewaffneten Auseinandersetzung um das Erbe. Graf Kuno von Manderscheid-Blankenheim-Schleiden behielt dabei die Oberhand, und als Virneburger Miterbe brachte er Burg und Herrschaft Neuerburg an das Haus der Grafen von Manderscheid. Mit ihnen begann eine neue Ära, bis zum Ende des „Ancien Regime" 1794. In diesen 300 Jahren wechselten sich wirtschaftlicher Aufschwung und Niedergang ab.

Nachdem Graf Joachim am 19. März 1576 verstorben war – er hatte erheblichen Anteil an der Erhaltung, Renovierung und verschiedentlicher An- und Umbauten–, konnte man sich wegen der Erbschaft nicht einigen. Jahrzehntelange Prozesse führten 1687 zu einem Teilungsvertrag, durch den sich zeitweise 6 Miteigentümer Herren von Neuerburg nannten. Den Manderscheider Nachkommen stand jeweils eine Hälfte zu, während sich die zweite Hälfte mehr oder weniger nahe Verwandte teilten. Aber auch von verschiedenen Burgamtmännern wurden Anteile gekauft.

Zu Zerstörung, Not und Elend des kriegerischen 17. Jahrhunderts kamen noch die Hexenprozesse, und es wütete mit der Pest in Neuerburg eine der schrecklichsten Geiseln der Menschheit. Als 1795 das Zeitalter der Feudalität zu Ende ging, wurde die Herrschaft aufgehoben, ihr Besitz als Emigrantengut (man war geflohen) eingezogen und zugunsten der Französischen Republik versteigert. Ratsherr Honoré aus Luxemburg, dessen Familie schon vorher ein Großteil besaß, erwarb nun die Manderscheidschen Anteile für nur 1000 Franken.

Mit dem Übergang in Preußischen Staatsbesitz auf dem Wiener Kongreß 1815 wandelte sich Neuerburg, das einstmals in unmittelbarer Nähe mächtiger Herrschaftszentren lag, durch die neugeschaffenen Grenzen zu einer Enklave.

Nach Nutzung der Burg zunächst als Armenhaus, Archiv, Gefängnis und Landwirtschaftsschule, diente sie dann dem katholischen Jugendbund Neudeutschland, wurde 1937-1945 zwangsenteignet und als NS-Schulungsheim u.a. für die Hitlerjugend verwandt, war von 1945-1951 Kaserne der Alliierten und ist heute ein attraktives Jugendbildungs- und Erholungsheim im Naturpark Südeifel.

Stadt Neuerburg

Hexenwahn

1613 verbrachte die junge Gräfin Claudia von Leuchtenberg einige Tage auf der Burg ihres Verlobten, des Grafen von Manderscheid. Nach einer stürmischen und kalten Winternacht fand die Dienerschaft morgens die junge Frau tot in ihrem Bett. Auf die Idee, daß die Gräfin erfroren war, kam auch der sofort herbeigerufene Ortsbader nicht. Schon kochte die Gerüchteküche, und plötzlich hatte man in Maria Pirken, die schon länger im Ruf der Zauberei stand, wieder eine Hexe gefunden. Man wollte sie überall gesehen haben, auf dem Hexentanzplatz (nur 250 m von der Burg entfernt), wo man angeblich den Gifttod der jungen Gräfin in der Nacht beschlossen hatte, andere sahen sie auf Besen durch die Luft reiten u.a.m., und so nahm das Schicksal seinen Lauf.

Frau Pirken wurde vom Neuerburger Hochgericht zum Tod durch Verbrennen verurteilt und hingerichtet. Viele Prozeßakten zeugen von dieser schrecklichen Epoche.

Wegbeschreibung

Aus Richtung Köln über die A 1 bis Blankenheim, weiter über die Bundesstraße 51 bis Prüm und dann die B 410 bis Lichtenborn und weiter über Krautscheid.

Von Trier über die B 51 bis Helenberg und dann Richtung Irrel, oder auf der B 51 bis Bitburg und über die B 50 nach Sinspelt, dann rechts abbiegen, und man erreicht nach 6 km Neuerburg.

Burg Nideggen

Die Burg Nideggen liegt hoch über dem Rurtal und wurde als Stammsitz und Residenz der mächtigen Jülicher Grafen erbaut. Sie hatten das Sagen, hier wurde Geschichte geschrieben, und man blickt auf eine interessante Vergangenheit zurück. Im 14. Jahrhundert erfolgte die Erhebung der Grafen durch den Kaiser in den Herzogenstand, und sie waren bald weit über die Eifel hinaus bekannt und gefürchtet.

Graf Wilhelm I. von Jülich, durch Erwerb der Waldgrafschaft und „reicher Heirat" mit Alverade von Nörvenich-Maubach zu umfangreichem Besitz gekommen, legte auf dem Felsvorsprung seine Burg an, zu der der imposante und berüchtigte Jenseitsturm mit seinen Kerkern gehörte. Drei prominente Gefangene lernten den gewaltigen Bergfried auf längere Zeit kennen.

Im Spiel der Mächte wurden die schnell wachsenden Jülicher Besitztümer dem Kölner Nachbar zu einer ernsthaften Konkurrenz, meinte jedenfalls Erzbischof (1238-1262) Konrad von Hochstaden, der stets bestrebt war, sein Imperium, den Kurstaat Köln, zu sichern und weiter auszudehnen. Deshalb rückte er mit seinen Heerscharen 1242 gegen Graf Wilhelm IV. (1219-1278) vor. Doch er hatte wohl die Kampfkraft der Jülicher erheblich unterschätzt, verlor und wurde bei Lechenich schwer verwundet. Graf Wilhelm nahm ihn gefangen und steckte ihn in den Kerker des Jenseitsturms. Zähe Verhandlungen um die Höhe des Lösegeldes ließen einige Zeit verstreichen. Nach neun Monaten harten Ringens war es dann soweit, und nach Zahlung einer beträchtlichen Summe ließ Wilhelm den Erzbischof frei.

Dessen Nachfolger, Engelbert II. von Falkenburg, der von 1261-1274 Erzbischof war, zog 25 Jahre später wiederum mit seinen Truppen ins Jülicher Land und verlor 1267 ebenfalls. Während Papst Clemens der IV. (1265-1268) die „Bannbulle" über Wilhelm verhängt hatte, was diesen nicht weiter störte, hielt er den Erzbischof als Faustpfand drei volle Jahre hinter den dreifach vergitterten Fenstern und Türen mit den acht Fuß dicken Mauern in Einzelhaft gefangen. Für die dreijährige Einkerkerung seines Vorgängers übte 1276 Erzbischof (1274-1297) Siegfried von Westernburg schlimme Rache und legte sich wiederum mit dem Jülicher Grafen Wilhelm IV. an. Nach einer ersten Niederlage blieb dem Erzbischof der Kerker erspart, und zu weiterem Vorgehen hatte er sich mit den Aachener Bürgern verbündet. In der Nacht zum 17. März 1278 nutzten diese dann eine sich bietende Chance und erschlugen Wilhelm, seinen ältesten Sohn und noch viele seiner Lehnsleute. Siegfried eroberte zwar Teile des Landes, konnte aber den Aufstieg der Jülicher weder verhindern noch aufhalten.

Mit der „Goldenen Bulle" aus dem Jahr 1356 brachte Kaiser Karl IV. (1316-1378) aus dem Hause Luxemburg die Entwicklung des Reiches zu einer Föderation der Fürsten und Städte zum Abschluß und verlieh den Jülichern die Herzogenwürde.

Als dritter prominenter Häftling geriet 1371 der Bruder Kaiser Karls IV. in den Palas, den die Jülicher Herzöge erst dann entließen, nachdem der Kaiser die Reichsacht über sie verhängt hatte. In seinem Auftrag übernahmen die Ritter von Birgel im Jahre 1412 das Amt des Burggrafen von Nideggen, das bald nach dem Aussterben der Jülicher seine große Bedeutung verlor, weil die Residenz von den Erben nach Düsseldorf und Kleve verlegt wurde.

In der sogenannten „Jülicher Fehde" 1542/43, der Auseinandersetzung zwischen Kaiser Karl V. (1500-1558) und Herzog Wilhelm V. von Jülich (1539-1592) um territoriale Erbansprüche, wurde die Burg durch kaiserliche Truppen gebrandschatzt. Aber der Verfall ging unaufhaltsam weiter durch drei folgende Kriege. Das Erdbeben von 1756 besorgte dann den Rest. Und auch dem Schicksal vieler weiterer Burgen, als Steinbruch genutzt zu werden, konnte Nideggen nicht entgehen. Den Bombentreffern des Zweiten Weltkrieges folgte eine Rekonstruktion, und sie vermittelt heute fast wieder das Aussehen früherer Zeiten.

Rundgang

Zu einem Besuch sollte man das Auto im Vorhof abstellen und sich viel Zeit nehmen. Wer seine Besichtigung in Ruhe genießen will, sollte einen stillen Wochentag wählen. Am Wochenende ist der Andrang besonders groß, und man könnte meinen, alles was Reifen und Beine hat, sei zu dieser schönen Ruine unterwegs.

Die Jülicher Fehde

Herzog Wilhelm V., zugleich auch Herzog von Kleve und Berg, Graf von Mark und Ravensberg, hatte 1538 das Herzogtum Geldern übernommen, auf das auch Kaiser Karl V. Erbansprüche geltend machte. Hinzu kam noch der Frust des Kaisers, als er von den Bestrebungen Wilhelms hörte, evangelisch zu werden. Ein derartiger Affront konnte nur militärisch enden, und so legte man 1542 den Kriegsschauplatz in die Eifel, wo nicht nur Burg Nideggen und viele Dörfer der Umgegend zerstört, sondern auch noch Düren und Monschau schwer in Mitleidenschaft gezogen wurden. Auf dem in Venlo 1543 geschlossenen Frieden verlangte der Kaiser, daß Wilhelm katholisch bliebe. Wilhelm hat sich immer der evangelischen Lehre genähert und sich an ihr orientiert, doch aus politischen Gründen nie den entscheidenden Schritt gewagt. Somit blieb der Jülicher Besitz in der Nordeifel katholisch.

Wegbeschreibung

Am Rande des Deutsch-Belgischen-Naturparks Nordeifel, zwischen Zülpich, Heimbach und Düren, mitten zwischen den beiden Bundesstraßen 399, bezeichnet als Venn-Route und Nr. 265 der großen Eifel-Route, wird über Nebenstraßen Nideggen mit Stadtbefestigung, Toren und Burg erreicht.

Schloß Nörvenich

Das Schloß gehört zu den zahlreichen historischen Bauten im Dürener Land, die nach einem jahrzehntelangen Dornröschenschlaf wieder einer neuen Aufgabe zugeführt wurden.
Hier, im ehemaligen Grenzbereich des Herzogtums Jülich zum Kurstaat, Köln hat es in Nörvenich eine ungewöhnlich große Anhäufung von drei Burgen gegeben, die wohl weniger durch die Grenzlage als durch Erbteilungen begründet waren. Mit Beginn der Renovierungsarbeiten wurden Fragmente freigelegt, die bisher nicht bekannt waren.
So legten die Archäologen drei Turmreste am Hauptgebäude, einen mit roten Ziegeln ausgelegten Abflußkanal und eine Feuerstelle mit Asche und Knochen frei. Weiter wurde eine Bodenstruktur vorgefunden, aus der erkennbar ist, daß ein erster Wassergraben für eine kleine Wehranlage bestanden hat. Mit der Auswertung befassen sich die Archäologen seit 1984. Diese Grabungsfunde deuten darauf hin, daß bereits im 12. Jahrhundert hier Menschen lebten.

Doch eine urkundliche Erwähnung des Namens Nörvenich findet sich erst im Jahre 1293 mit Dietrich von Nörvenich. Vielfach änderten sich in den folgenden Jahrhunderten die Besitzverhältnisse. Und so tauchten die Namen „von Vlatten", „von Merode", „von Gymnich" und „von Wolff-Metternich" auf. Von derer „von Gymnich" stammt wohl auch die Bezeichnung Gymnicher Burg, wie die Anlage lange Zeit hieß. 1980 begann mit dem Erwerb der historischen Anlage durch die Familie Bodenstein eine neue Zeit. Dem Verfall und der Zerstörung wurden mit Restaurierungsarbeiten Einhalt geboten.

Josef Franz Bodenstein hat gleichzeitig mit „Schloß Nörvenich" eine Art „Flurbereinigung" des Namens vorgenommen. Erinnerte das vorher als „Gymnicher Burg in Nörvenich" titulierte Anwesen doch daran, daß der Besitz am Ende des 16. Jahrhunderts durch Heirat an den Freiherrn Johann Otto von Gymnich fiel, in dessen Familie er bis ins 19. Jahrhundert auch blieb. Aus verständlichem Machtanspruch hatten die Herren von Gymnich, da sie bereits ein Wasserschloß (siehe auch Burg Satzvey) besaßen, diesen Neuerwerb „Gymnicher Burg" getauft.
Ganz selten läßt sich die Wandlung vom Wehrbau einer Burg zum offenen Landschloß so anschaulich ablesen wie an dieser baugeschichtlich bemerkenswerten Anlage. Zweigeschossig und dreiflügelig ist das Herrenhaus über dem hohen Kellergeschoß errichtet. Ein mächtiges Walmdach mit vielen Gauben deckt den Hauptflügel, während die Nebenflügel mit niedrigen Walmdächern versehen sind.
In einer Zeit der Rückbesinnung und Suche nach den Wurzeln unserer Herkunft hat die Initiative der Famile Bodenstein, das Objekt nicht zu Eigentumswohnungen umzufunktionieren, sondern einer öffentlichen, gemeinnützigen und überwiegend kulturtellen Nutzung zuzuführen, positive Impulse ausgelöst.
Das Engagement der neuen Eigentümer des Schlosses entspricht der Tradition der Familie Bodenstein, deren Mitglieder von jeher ein positives Verhältnis zur Kultur, Kunst und Tradition haben.
Ihre Abstammung führen die Bodensteins zurück auf den Zweig des Adelsgeschlechts von Pottenstein, die im Mittelalter auf der Burg Pottenstein in dem noch heute bestehenden gleichnamigen Ort in der fränkischen Schweiz lebten. Unter ihren Vorfahren befand sich u.a. auch die „Heilige Elisabeth".

Das heutige **Kulturzentrum** „Schloß Nörvenich", 52388 Nörvenich, Tel. 02426/4632 wird vielfältig genutzt. Folgende Einrichtungen sind hier untergebracht:

Museum Europäische Kunst mit Werken der „Künstler des Goldenen Dreiecks", Salvator Dali, Arno Becker und Ernst Fuchs. Hinzu kommen Sondersammlungen mit Werken aus deren Künstlerfreundeskreis Kurt Arentz, Renate Stendar-Feuerbaum, Mirk Donst, Hugo Haig-Thomas und „Schatz des Dalai Lama".

Europäische und Dürener Malschule.

Musica Humana.

Nörvenicher Schloßkonzerte.

Europäische Kultur-Stiftung.

Alexander-Orden für Kunst und Wissenschaft.

Das **Museum mit Skulpturenpark** ist von Mai bis Oktober an Wochenenden und Feiertagen öffentlich zugänglich.

Kunstführungen für Schulen, Besucher- und sonstige Fachgruppen nach Vereinbarung.

Neben **Ausstellungen und Konzerten** werden Rittersaal und auch weitere Teile des Schlosses für Tagungen, Empfänge, Jubiläen, Hochzeiten u. a. m. vermietet.

Wegbeschreibung

Mitten im Dreieck Düren, Kerpen, Erfstadt liegt an der Bundesstraße 477 der Ort Nörvenich. Der Weg zum Schloß ist gut ausgeschildert.

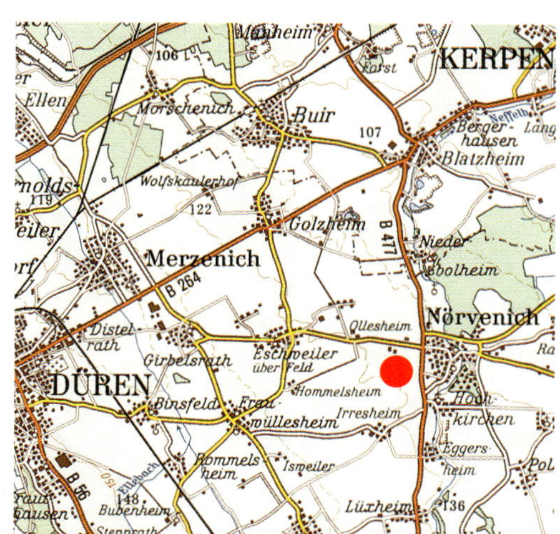

Burg Olbrück

Im Gebiet der Grafen von Wied ragen im oberen Brohltal auf einem Phonolithkegel in strategisch günstiger Lage über dem Ort Niederdüren-Hain die mächtigen Trümmer der schicksalhaften Burg Olbrück. Ihr Name stammt wohl von dem gleichnamigen Berg, auf dem sie Ende des 11. Jahrhunderts die Wieder Grafen errichteten.

Hundert Jahre später wurde die Burg erzbischöfliches Kölner Lehen. Graf Dietrich von Wied hatte die Burg Erzbischof (1167-1191) Philipp I. von Heinsberg für einen geringen Betrag zu Lehen unter der Bedingung überlassen, daß sich Olbrück auf sämtliche Nachkommen – ob männlich oder weiblich – ohne irgendwelche Lehnsabgaben vererben sollte. Viel Streit entstand um das Wiedsche Erbe nach Aussterben der Linie. Bei der Weiterbelehnung durch Erzbischof (1238-1261) Konrand von Hochstaden bewies dieser keine glückliche Hand. Und in den Folgejahren mehrte sich die Zahl der Mitbesitzer von Olbrück dergestalt, daß 1478 die acht Gemeinsherren Kuno Herr zu Schöneck und sein

Sohn Johann, Klaus Herr zu Drachenfels, Georg von der Leyen, Alf Quade, Wilhelm und Anton von Orsbeck und Simon Boos von Waldeck sich zu einem Burgfriedensvertrag durchrangen. Unter anderen interessanten Regularien legten sie darin fest, daß jeder einen Geldbetrag zur Instandhaltung der Burg leisten müsse. Außerdem sollte jährlich neu ein sogenannter Baumeister aus ihrem Kreis gewählt werden, der die vertraglichen Ausführungen überwachte. Er hatte nur Sorge über den gemeinsamen Besitz zu tragen, während jeder Anteilseigner seine eigenen Häuser, Mauern und Türme selbst erhalten mußte. Und wer seinen Beitrag nicht bezahlte, durfte die Burg nicht bewohnen.
Nach Beendigung des Dreißigjährigen Krieges waren die Schäden der Jahre 1632/1633 unter der Leitung des Kapuzinerpaters Punicius aus Adenau schnell beseitigt, und die Burg dämmerte ihrem Schicksalsjahr 1689 entgegen.
Viel Zerstörung und Unheil brachte der Pfälzische Erbfolgekrieg mit sich, verursacht durch die Politik Ludwigs XIV. Es gab kaum eine Burg, die beim Vordringen der französischen Truppen zum Rhein hin nicht in Mitleidenschaft gezogen wurde. Mit der Kriegstaktik der Niederlegung wichtigen Mauerwerks und der Zerstörung von Brücken rückten die französischen Truppen langsam aber stetig von Westen her ins Reichsgebiet vor. Weshalb Ludwig XIV. auf so wenig Widerstand stieß und verhältnismäßig schnell vordringen konnte, mag einerseits darin begründet gewesen sein, daß das Reich durch den Druck der Türken im Osten abgelenkt war. Andererseits kam durch die Aufsplitterung der Eifel in zahlreiche Kleinstaaten mit separatistischen Sonderbestrebungen keine wirkungsvolle Strategie zustande, weil wohl die eigene Souveränität allen wichtiger war als eine gemeinsame Verteidigung unter einheitlicher Führung.
Als sich endlich am 14. Februar 1689 Kaiser Leopold zum Zweifrontenkrieg entschloß, war es viel zu spät. Der im Winterquartier der Franzosen bei Mainz gut vorbereitete Feldzug zum Frühjahr 1689 wurde schlimmer als alles Vorangegangene. Man zerstörte, was nur zu zerstören war; wahl- und sinnlos wurde zugeschlagen, ohne daß vielerorts strategische Notwendigkeit bestand. Damit brach man jeglichen Widerstand.
Als am 30. April die Franzosen gegen Andernach abgezogen waren, glaubte man, Olbrück sei gerettet. Um die von General Marquis de Sourdis angeordnete Plünderung und Niederbrennung von Olbrück zu vermeiden, hatte man den Kapitän der kleinen Truppe Soldaten bestochen. Beim Zusammenkratzen des Geldes waren gerade mal 236 Gulden zusammengekommen, so wurde wenigstens erreicht, daß man sich mit geringem Abbruch an Mauern und Pforten zufrieden gab. Als General Sourdis am 1. Mai Ahrweiler in Brand gesteckt hatte und nun mit 2000 Mann Richtung Mayen zog, fiel ihm auf dem Weg dorthin die nahezu unversehrte Burg auf, und so war ihr Schicksal endgültig besiegelt.
Eine Stunde Frist erlaubte man den Insassen, um das Notwendigste an Hab und Gut in Sicherheit zu bringen, dann begann das Zerstörungswerk. Authentisch sind die Geschehnisse aus mehreren Briefen des damaligen Verwalters der Burg, Engelbert von Keiffenheim, an Katharina Freifrau Waldbott-Bassenheim zu entnehmen. Die Schilderungen verleihen den Sorgen, Ängsten und Nöten der Menschen Ausdruck, denn dieser Koalitionskrieg dauerte insgesamt 9 Jahre und ging ohne weitere Schäden für Olbrück zu Ende. Am 30. Oktober 1697 schloß man in Rijswijk den Friedensvertrag.
Knapp 100 Jahre später, 1794, erschienen die Franzosen wieder, beschlagnahmten die Burg, und nach dem Verkauf als französisches Nationalgut im Jahre 1804 verfiel sie immer mehr.
Trotzig und gewaltig mahnt der Bergfried mit der heute gut gesicherten Restruine an die schlimmen Zeiten, in denen mit Willen und Nachlässigkeit Zerstörung betrieben wurde.

Wegbeschreibung

Von der Autobahn A 61, Ausfahrt Nr. 32 Niederzissen, fährt man durch den gleichnamigen Ort und erblickt schon bald den weithin sichtbaren 24 m hohen Bergfried aus dem 11. Jahrhundert. Wer ihn erklimmt, kann vom Turm der sich im Privatbesitz befindenden Anlage einen herrlichen Rundblick genießen.

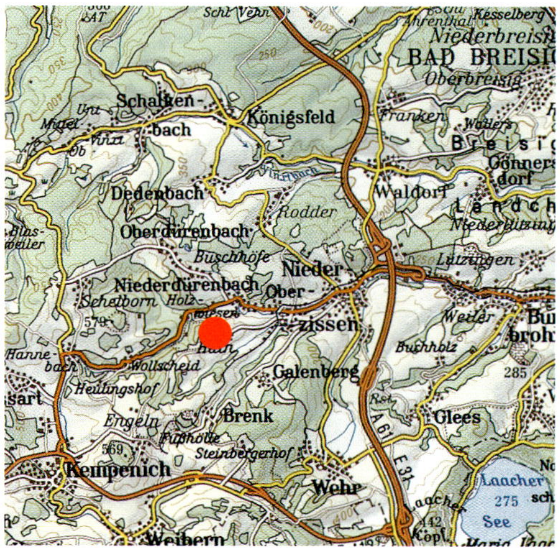

Burg Pyrmont

Rundgang

Schon in der Eingangshalle fühlt man sich um Jahrhunderte zurückversetzt, und beim Weitergang durchs Jagdzimmer läßt sich der Urtrieb des Menschen kaum besser darstellen als mit dem Waffen- und Angelzeug, das diesem Raum den Namen gibt.

Über den Kapellenchor, das Barockzimmer und die Bibliothek führt der Weg in den Rittersaal. Eine ganze Reihe weiterer interessanter Räumlichkeiten laden zur Besichtigung, aber auch, weil gastronomisch genutzt, zum Verweilen ein.

Neben öffentlichen Ritteressen, Burgfesten und den Pyrmonter Hoftagen finden Turnierspiele und viele andere kulturelle Veranstaltungen statt.

Am 22. Februar 1225 wurde in Koblenz ein Rechtsstreit geschlichtet („...*cuisdam novalis apud castrum Pirremont siti...*"), bei dem es um Grenzen und den Zehnten von einem Novalland bei der Burg Pyrmont ging. Damit traten keinesfalls die Herren von Pyrmont in den Schauplatz der Weltgeschichte ein, sondern hier hatten sie sich auf pfalzgräflichem Besitz ihre Burg im typischen Stil des 13. Jahrhunderts in staufischer Grundform errichtet. Wann die Lehnshoheit vom Pfalzgrafen auf die Trierer Erzbischöfe überging, ist nicht mehr feststellbar.

Kuno von Schönberg hieß der genannte Ritter, der vom Ösling bei Malmedy stammte und sich hier auf einem Felssporn hoch über dem Eltztal seine Höhenburg erbaute. Sie liegt unweit eines schönen Wasserfalls in Sichtweite der Burg Eltz, so daß sich früher die Besitzer durch Flaggensignale hätten verständigen können. Kuno, mit Aleidis von Ulmen verheiratet (aus einem bekannten Eifeler Adelsgeschlecht, dessen prominentestes Mitglied, Heinrich von Ulmen, wertvolle Kunstwerke vom 4. Kreuzzug (1202-1204) mitbrachte, die z.T. im Limburger

Domschatz zu sehen sind), hat viele Kinder gezeugt und sich damit seinen Stamm lange erhalten. Nach 200 Jahren friedfertigen Lebens auf der Burg stellte Kuno VI. von Pyrmont einen Erbvergleich auf. Er kannte seine drei zänkischen Söhne, Heinrich VI., Johann und Friedrich, und regelte daher vorzeitig mit Testat vom 3. Juni 1441 die Erbfolge. In dem Vertrag wurde vereinbart, wie der Besitz eingeteilt würde, wem die Einkünfte zufließen und wer über das Waffenarsenal verfügen sollte. Ein Schwachpunkt der Vereinbarung betraf die Töchter und führte deshalb zu Differenzen, wenn auch Kuno meinte, etwaige Streitigkeiten noch selbst regeln zu können.
Da heißt unter Punkt 6: *„Solange männliche Träger des Namens Pyrmont leben, sind die Töchter von der Erbschaft ausgeschlossen“*. Es hat jedoch den Anschein, als ob das alles nichts gefruchtet hat. Immer öfter traf man sich vor dem kurtrierischen Schiedsgericht oder sogar vor dem kaiserlichen Hofgericht.
Hofrichter Graf Johann von Sulz verhängte 1473 wegen der Streitigkeiten über Heinrich VI. die Reichsacht und übertrug die Verwaltung an Friedrich von Pyrmont. Erst mit Heinrich dem VII. kam wieder Glanz über das Pyrmonter Geschlecht. Er war eine angesehene Persönlichkeit und genoß das Vertrauen des Trierer Kurfürsten Johann II. von Baden, der von 1456-1503 Erzbischof war. Kaiser Maximilian I. (1459-1519) erhob ihn schließlich in den Freiherrenstand. Heinrich war zweimal verheiratet, zunächst mit Margarethe Waldbott von Bassenheim, von der die Tochter Elisabeth abstammte, die 1498 Philipp von Eltz heiratete. Mit der zweiten Frau, Katharina Gräfin von der Mark, hatte er zwei Söhne, Eberhard, der 1514 kinderlos starb, und Johann, der sich von 1503 bis zu seinem Tode 1524 als Trierer Domherr verdient machte. Man konnte sich also nicht lange des Titels erfreuen, denn mit Letztgenanntem erlosch das Geschlecht im Mannesstamm.
Über die Erben von Eltz kam die Burg im 17. Jahrhundert an die Freiherren Waldbott von Bassenheim, die neben dem 24 m hohen Bergfried ein Wohnschloß im barocken Stil errichteten. Die Grafen Waldbott hatten auf die Lokalgeschichte fast keinen Einfluß, weil sie meist in den fürstlichen Residenzen oder auf ihren Besitzungen im Taunus lebten. Hier in der Eifel wurde das Leben auf der Burg in der Regel nur von Amtmännern und Verwaltern bestimmt. Im Zuge der französischen Revolutionskriege verloren die Grafen Waldbott von Bassenheim ihren gesamten linksrheinischen Besitz durch Enteignung, und so wurde Schloß Pyrmont französisches Nationaleigentum.
Am 30. August 1810 versteigerten die Franzosen Burg Pyrmont samt etwa 7 Hektar Land. Für nur 4550 Franken, umgerechnet 1213 Reichstaler, gelangte das Anwesen in Privatbesitz.
Der neue Besitzer Georg Severus Weckbecker, ein unangenehmer Zeitgenosse, bei den Franzosen durch Fouragearbeiten reich geworden, ließ aus der bis dahin vollständig erhaltenen Burg wertvolle Einrichtungs- und Architekturteile herausbrechen und in seinem Haus in Münstermaifeld wiederverwenden. Entsprechend dem Befehl der französischen Departementsregierung wurde der verbliebene Rest der Burg als Steinbruch freigegeben. Damit war ihr Niedergang besiegelt.
Doch sie wurde in den letzten Jahren wieder aufgebaut und ohne jegliche Einschränkung bewohnbar gemacht. Dabei verzichtete man dann auf das zweite Obergeschoß, egalisierte die hochragenden Baustümpfe und erweckt damit den Eindruck von Zinnen.

Sage

Ein Herr von Pyrmont befand sich auf einer Wallfahrt in Palästina. Dort schlief er einmal im Schatten eines Baumes und träumte von zu Hause. Ihn überkam großes Heimweh, und er betete an den Wallfahrtstätten um eine baldige und glückliche Heimkehr. Seine Gebete waren vor allem an die Gottesmutter Maria gerichtet. Nach einiger Zeit, das Heimweh war immer stärker geworden, erschien ihm im Traum Maria und sagte zu ihm, er solle den Schwan besteigen, der in der Nähe über eine Wiese stolziere. Traumwandlerisch, also ohne zu erwachen, befolgte er den Auftrag. Der Schwan erhob sich in die Lüfte und flog mit dem Herrn von Pyrmont davon.
Als der Ritter am Morgen erwachte, glaubte er, nur geträumt zu haben. Aber er befand sich unter einem Baum in der Nähe seiner Burg in der Eifel. Aus Dankbarkeit habe er, so erzählt man weiter, die Wallfahrtskirche gestiftet und eigenhändig als Turmzier einen metallenen Schwan aufgesetzt. Die Kirche sollte immer daran erinnern, daß die Allerseligste Jungfrau Maria in der Gestalt eines Schwanes den Herrn von Pyrmont in die Heimat zurückgeführt habe. J. Ruland

Wegbeschreibung

Nach Verlassen der Autobahn A 48 bei Kaifenhein in südlicher Richtung, vorbei am 399 m hohen Arenberg, an dessen Fuß die Schwanenkirche liegt. Durch das Dorf Roes erreicht man nach nur 5 km die Burg, die zur Besichtigung einlädt.

Burg Ramstein

Burg Ramstein um 1900

Rundgang

Der Zugang zur Burg führt am Hotel, der ehemaligen Zehntscheune, vorbei, und man erreicht über eine Treppe einen ersten Felsen („kleine Burg" genannt), der vom eigentlichen Burgfelsen durch einen künstlichen, 4,70 m breiten Halsgraben getrennt ist.
Zum Hauptfelsen, der komplett von der Burg eingenommen wird und nach allen Seiten hin steil abfällt, gewährleistet eine Holzbrücke den Zugang; früher wohl eine Fallbrücke.
So gesichert konnte bereits das Erdgeschoß genutzt werden. Der Wohnturm hatte 4 Geschosse mit einer Höhe von etwa 25 m.
Bei 1,35 m dicken Wänden mißt der Grundriß nur 8,20 m x 10,35 m, und es ist sicherlich gut vorstellbar, daß man sich in dieser kleinen Wohnburg auch heute noch wohlfühlen würde.

Am Rande des Meulenwaldes hat sich die Kyll, ein Nebenfluß der Mosel, den schon der römische Dichter und Prinzenerzieher Ausonius 371 n. Chr. als fischreich bezeichnete, ihr Bett durch den Buntsandstein gegraben. Auf einer Anhöhe, wenige Kilometer vor der Mündung in die Mosel, liegt zwischen den vorgeschichtlichen Ringwällen von Kordel und der etwas weiter südlich gelegenen Genovevahöhle (sie diente bereits in der Steinzeit als Zufluchtsort) am Westufer der Kyll ein Kleinod, die Burg Ramstein. Wer hier wohnte, beherrschte und kontrollierte den Weg durch das Tal.
Von einer ersten Nachricht, zu entnehmen einer Urkunde aus dem 10. Jahrhundert, bis Anfang des 14. Jahrhunderts fehlen historisch gesicherte Informationen.
Erst mit dem Trierer Erzbischof (1300-1307) Diether von Nassau beginnt ein neuer Geschichtsabschnitt der Burg. Anstelle des bisher befestigten Hauses ließ er eine richtige Burg errichten. Die Anlage ist noch heute in ihren Grundzügen vorhanden. Diether brachte es nicht fertig, den Bau zu vollenden. Er hatte in jeder Beziehung abgewirtschaftet, und der Glanz des erzbischöflichen Stuhls war verblaßt. Sein Nachfolger, Erzbischof (1307-1354) Balduin, der Begründer des Trierer Kurstaates, führte das Werk zu Ende.

Als Sohn des luxemburgischen Grafen Heinrich VI. wurde er, erst 22jährig, am 11. März 1308 in der Kathetrale von Poitiers durch Papst Clemens V. zum Bischof geweiht.

Auf diesem jungen Mann ruhten die Hoffnungen nach besseren wirtschaftlichen und politischen Verhältnissen. Seine Gegner und Widersacher waren die kleinen Edelleute, die sich durch den Ausbau der landesherrlichen Macht in ihren Rechten eingeschränkt fühlten.

So klagte 1309 einer von ihnen, Arnold von Pitingen (Petingen in Luxemburg), bei Kaiser Heinrich IV., daß der Trierer Erzbischof ihm durch den Burgenbau Schaden zufüge. Der Prozeß ging verloren, weil Balduin durch viele Zeugen nachweisen konnte, daß die Burg auf erzbischöflichem Grund und Boden erbaut sei. Die Klage des Vogtes von Petingen war erfolglos, und der Kaiser sprach die in der Zwischenzeit vollendete Burg dem Trierer Erzbischof zu. Dieser übertrug am 2. Juli 1310 dem Domdechanten Johann von Bruaco (Bruch) Ramstein zu Lehen.

In den folgenden 200 Jahren gab es viele Besitzer. Obwohl jeder verpflichtet war, die Burg in gutem Zustand zu halten, entstand immer wieder Schaden durch Belagerung, Krieg, Feuersbrunst, Geldmangel und einfach nur Vernachlässigung der Eigentümer. Der letzte waffentragende Trierer Kurfürst, Richard von Greiffenklau zu Vollraths, der zwischen 1511 und 1531 Erzbischof war, bewohnte die Burg auch selbst. Dies deutet auch ein von ihm im Jahre 1527 gesetzter Brunnenstein an, der neben seinem Wappen die Aufschrift trägt:

„RICHARD GREIFFENCLAU VONN VOLARTZS ERZBISCHOF ZU TRIER UND CHOERFURST HAT MICH THOEN DRINGEN USZ DIESSEM FILSCHEN SPRINGEN ANNO MXVCXXVII".

Er führte der Burg von einer Waldquelle in Tonröhren gutes Trinkwasser zu. Damit hatte er endlich die schwierige Aufgabe der Trinkwasserzufuhr gelöst, die immer wieder die Herren von Ramstein beschäftigt hatte.

Wiederum litten die Burg und die Menschen in der Umgebung in den nächsten 200 Jahren durch Verwüstungen der nahezu ununterbrochenen Kriegsjahre. Von 1568-1648 tobte der Niederländisch-Spanische Krieg, von 1609-1666 der Jülicher Erbfolgekrieg, von 1618-1648 der Dreißigjährige Krieg, von der Mitte bis zum Ende des Jahrhunderts folgen die Reunionskriege Ludwig XIV. und dann noch bis 1714 der Spanische Erbfolgekrieg. Mit der Besetzung des Rheinlandes 1794-1814 durch die Franzosen brachen für 20 Jahre schwierige Zeiten an. Im Zuge der Säkularisation endete die Herrschaft der Domdechanten, und Ramstein wurde, wie so viele Kirchengüter, versteigert und gelangte für nur 600 Taler in Privatbesitz des Trierer Regierungsrates Schmelzer.

Nach mehrmaligem Weiterverkauf erwarb am 30. November 1826 Franz-Ludwig Britz (nannte sich später Bretz), Bierbrauer und Gerber, das Anwesen nebst Flur und Wald, und eröffnete dort einen ersten Gastronomiebetrieb. Aus kleinen Anfängen mit Milch und „Viez" (Apfelwein) entwickelte sich zunächst sehr zaghaft ein Ausflugsziel.

Das änderte sich 1870 mit der Heirat des Nikolaus Bretz mit Catharina Görgen, einer jungen, geschäftserfahrenen Frau vom Weisshaus in Pallien. Sie gilt als die Schöpferin des modernen Gasthauses Ramstein, heute ein gern besuchtes Ziel. Das Hotel befindet sich immer noch im Familienbesitz.

Ausonius, Auszug aus der „Mosella", die insgesamt 483 Verse umfaßt. Nur über zwei Nebenflüsse der Mosel, die Kyll und die Ruwer, finden wir konkrete Schilderungen in den Versen 359-364:

„Te rapidus Celbis, te marmore clarus Erubis
festinant famulis quam primum adlambere lymphis:
nobilibus Celbis celebratus piscibus,
ille praecipiti torquens cerealia saxa rotatu
strindentesque trahens per levia marmore serras
audit perpetuos ripa ex utraque tumultus."

Dir die reißende Kyll, die marmorberühmte Ruwer
ihre Wasser ergeben spenden, sobald sie nur können.
Mit ihren edlen Fischen belebt ist die Kyll.
Die Ruwer,
hurtigen Schwunges dreht sie des Kornes mächtigen Mahlstein,
ebenso zieht durch harten Marmor sie schrillend die Säge;
dröhnend hört von jedem Ufer sie stetiges Lärmen.

Wegbeschreibung.

Die auf halbem Wege zwischen Ehrang und Kordel jenseits der Bundesstraße 422 liegende Burg-Ruine Ramstein erreicht man von Kordel her, am Bahnhof vorbei und an der Bahnstrecke Trier-Köln entlang, über eine schmale, jedoch gut ausgebaute Straße.
Für Wanderer und Radfahrer, aber auch vom Ehranger Bahnübergang her, gibt es einen befestigten Fußweg zur Burg.

Burg Reifferscheid

Das idyllische Burgdorf mit dem Stammsitz der Edelherren von Reifferscheid aus dem 12. Jahrhundert ist heute in den Wintersportort Hellenthal eingemeindet. Auf dem höchsten Punkt einer ummauerten ovalen Hügelkuppe thront der mächtige Bergfried, der – einst in massive Schildmauern eingebunden – auch die einzige gefährdete Seite zum Norden hin schützte. Der Turm war der letzte Zufluchtsort, wenn es galt, sich auch dann noch zu verteidigen, wenn der Feind bereits die zwei hintereinander gestafftelten Mauerringe der weitläufigen Anlage mit dem integrierten Ort nebst Kirche und ihren Wehrtürmen überrannt hatte.

So wie Reifferscheid hat kaum ein anderes Eifeler Burgdorf seinen ursprünglichen Charakter bewahrt. Die zahlreichen kleinen Fachwerkhäuser hängen wie Schwalbennester am Oval der ehemals reichsfreien Höhenburg.

Heinrich I. von Lothringen dürfte wohl der Erbauer sein, er vernichtete die Burg jedoch bald wieder, wie der Chronica regia Coloniensis aus dem Jahre 1106 zu entnehmen ist. Hier trafen die Machtblöcke von Lothringen, Limburg und Luxemburg aufeinander, und man kam sich historisch immer ins Gehege.

Zeichnung Ende des 18. Jahrhunderts

Als treuer Gefolgsmann Kaiser Heinrich IV. (1050-1106) (bekannt durch den Bußgang 1077 nach Canossa) ließ er die Burg anzünden, damit seine und des Kaisers Gegner sich nicht in ihr festsetzen konnten. Vor allen Dingen sollte der Besitz nicht in die Hände Kaiser Heinrich V. fallen, der seinen Vater zur Abdankung genötigt und dessen Freunden und Parteigängern Krieg und Vernichtung angedroht hatte. Die Burg muß kurze Zeit später wieder aufgebaut worden sein; denn unter dem Landesherrn Walram III., Herzog von Limburg und Niederlothringen, erhob 1130 der Kölner Erzbischof (1110-1131) Friedrich I. von Schwarzenburg die in Burgnähe gelegene Kapelle zur Pfarrkirche zum Hl. Kreuz. Als Nachfahren der Limburger behaupteten sich die Herren von Reifferscheid als Eigentümer (erstmals 1195 genannnt) vom Ende des 12. Jahrhunderts bis zum Ende der Feudalzeit 1794.

Für den kleinen Dynasten war es nicht leicht und nur mit wechselnden Bündnissen und kriegerischer Selbstbehauptung möglich, seine Unabhängigkeit zu wahren. Zu den vorgenannten mächtigen Herrschern kamen auch noch die beiden Kurstaaten Köln und Trier hinzu. Durch die ständige Gefährdung der Existenz brachte das Geschlecht der Reifferscheider eine ganze Reihe kompromißloser Haudegen hervor. Um ihre Zwecke durchzusetzen, scheuten sie weder Kriege, Hinterhalt, Intrigen oder gar fromme Stiftungen. Einer dieser Nachfahren, Johann IV., brachte es in Diensten des Kölner Erzbischofs (1332-1349) Walram von Jülich bis zum Marschall von Westfalen. Das ihm zugestandene Recht, von jedem Fuder Wein, das rheinauf- oder -abwärts transportiert wurde, zwei Groschen Zoll zu erheben, nahm er vergnüglich wahr.

Doch schon sein Sohn, Johann V., mauserte sich, bedingt durch stetig wachsende Schulden, zum Raubritter. Dessen Treiben wurde zu einer Plage, und die dauernden Fehden erschütterten die Nordeifel so sehr, daß sich Städte und Adelige zu einem Kriegszug gegen die Reifferscheider entschlossen. „Landfriedensbund" nannten sie diesen Zusammenschluß.

Und so erschienen die vereinigten Truppen der Städte Aachen und Köln, der Herzöge von Jülich und Brabant sowie zahlreicher Grafen und Ritter am Nachmittag des 13. August 1385 vor den Mauern von Reifferscheid, wohin sich Johann V. (1358-1418) zurückgezogen und verschanzt hatte.

Während sich die Truppen der Reichsstädte bemühten, die Festung einzunehmen, hielt sich das von den Adeligen gestellte Kriegsvolk auffällig zurück. In einem Kriegsbericht an den Rat seiner Stadt äußerte mißtrauisch der Führer der Aachener Streitkräfte, daß die adeligen Kampfgefährten wenig Neigung zeigten, die Burg ihres Standesgenossen mitzuerobern.

Sicherlich kam er damit der Wahrheit sehr nahe, denn auch die nachfolgenden Ereignisse waren mehr als dubios. Nach neun Wochen Belagerung waren die Mauern von Reifferscheid immer noch nicht erstürmt.

Und nach der Ankündigung eines bevorstehenden harten Winters schlossen die Parteien im Oktober einen eigentümlichen Frieden mit denkwürdigen Passagen: „Johann bekennt die auf den Landstraßen begangenen Frevel. Formell gesteht er seine Niederlage ein. Mit der Verpflichtung, den Beteiligten des Landfriedensbundes keinen Schaden auf die Dauer von acht Jahren mehr zuzufügen, werden alle Schadenersatzforderungen an ihn als erledigt betrachtet" (das kommt faktisch einem Sieg gleich).

Aus den vielen zugeflossenen Erbschaften entstand später die fürstliche Linie Salm-Dyck-Reifferscheid. 1699 ließ Graf Erich-Adolf nach einem Brand ein prächtiges Barockschloß errichten, das aber unter der französischen Besatzung und den nachfolgenden Preußen immer mehr verfiel.

Seit 1964 die Fürstin Cäcilie die Burganlage der Gemeinde Hellenthal schenkte, sind die verbliebenen Teile vor dem Verfall bewahrt.

Wildenburg

Keine 3 km von Reifferscheid entfernt liegt auf einem schmalen Bergrücken der Stammsitz der Herren von Wildenburg, einem Nebenzweig der Reifferscheider. Schon 1190 wurde das von den Äbten von Steinfeld umgebaute Schloß, unter Einbezug mittelalterlicher Reste, erwähnt. 1335 kauften die Jülicher Grafen den Besitz. Von 1414-1639 saßen hier die Herren von Palandt. Als sie 1556 in den Grafenstand erhoben wurden, erbauten sie das freistehende Burghaus, und mit dem Verteidigungsturm und dem mächtigen Wohnturm an der Nordseite bildet es heute die Überreste der Hauptburg.

1715 erwarb die Abtei Steinfeld die Burg. Der Umbau des Burghauses zur Kirche und das auf der mittelalterlichen Wehrmauer aufgesetzte Prioratsgebäude sind sichtbare Zeugnisse des Prämonstratenserpriorats. Heute dient die Burg als bischöfliche Akademie für Jugend- und Erwachsenenbildung.

Wildenburg

Wegbeschreibung

Im Deutsch-Belgischen Naturpark in der Nähe des Städtchens Hellenthal von der Straße Nr. 265 abbiegen, und nach 3 km ist das gut ausgeschilderte mittelalterliche Kleinod unübersehbar erreicht.

Burgfest mit historischem Jahrmarkt ist am 3. September-Sonntag.

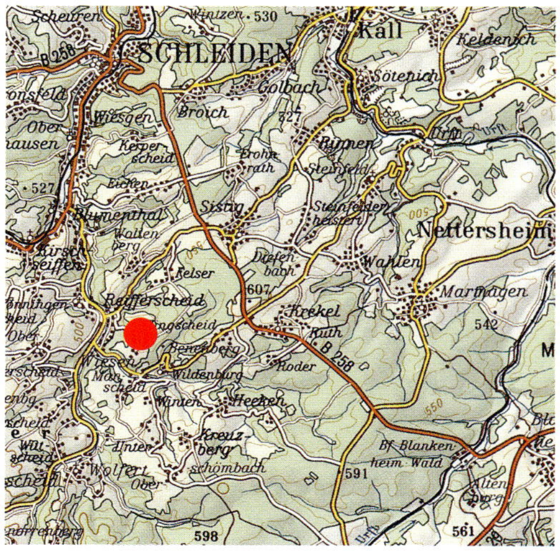

Burg Rittersdorf

Besonderheiten

Die Burg ist jederzeit zu besichtigen, da sie sich im Betrieb einer bekannten Hotelkette befindet. Im Rittersaal kann nach alter Manier ein mittelalterliches Mahl genossen werden, und dazu bietet das gastronomische Team den passenden historischen Rahmen. Auch Heirat wie anno dazumal ist mit dem ansässigen Standesamt möglich.

Die Burg im Tale der Nims ist eine der ganz wenigen Wasserburgen der Eifel. Sie liegt am Übergang zum Bitburger Gutland, ohne jeden natürlichen Schutz, ist seit ihrer Erbauung nahezu unverfälscht erhalten geblieben und vermittelt uns heute ein einzigartiges Bild mittelalterlicher (gotischer) sowie neuzeitlicher Renaissance-Wohnkultur.

Von 1263 stammt die Nachricht, daß Theodoricus de Retirsdorf hier seinen Wohnsitz nahm. Der Trierische Ritter Johannes, besser bekannt unter dem Namen „Lupus", erteilte ihm die schriftliche Erlaubnis, eine Wohnung mit Festung „domus et munitio" zu errichten und sie dem Grafen Heinrich V. (1247-1281) von Luxemburg zu Lehen aufzutragen.

Ein künstlich angelegter Wassergraben, der früher die gesamte Anlage umspülte, bot kaum Verteidigungsmöglichkeiten. So war der Burgherr gezwungen, sich einen Wohnturm mit dickem Mauerwerk und hohem Einstieg zu bauen. Dazu brauchte er eine Genehmigung. Als der letzte staufische König Konrad IV. 1254 verstarb, versuchten die Fürsten und Gaugrafen ihre eigene Machtpolitik durch den Burgenbau durchzusetzen. Mit derartigen Eigenmächtigkeiten räumte allerdings Rudolf von Habsburg (1218-1291) auf. Er behielt sich ausdrücklich vor, die Genehmigung zum Burgenbau selbst zu erteilen; ja er ließ sogar eine ganze Reihe errichteter Bauwerke zerstören. Im Falle Rittersdorf erteilte Rudolf auf Grund der Männerfreundschaft zu Heinrich VII. (1277-1313), genannt der Blonde von Luxemburg (dem späteren deutschen Kaiser), diese Genehmigung.

1290 begann Dietrich von Rittersdorf, Untervogt der Luxemburger, mit dem

Liessem

7 km nordwestlich von Bitburg liegt die Burg Liessem. Erbaut wurde die ursprüngliche Wasserburg im späten 14. Jahrhundert. Sie steht auf einer früher befestigten Anlage , die von den Truppen des Erzbischofs von Trier, Balduin von Luxemburg, im Jahre 1353 wegen Landfriedensbruch des Burgherrn belagert, kurze Zeit später erobert und zerstört wurde. Der stilistisch recht heterogene und vorbildlich unterhaltene Bau gehört seit mehreren Jahrzehnten der Familie Lichter. Robert Lichter ist nach vorheriger Absprache gerne bereit, die alte Burgwohnung kunstinteressierten Besuchern zu zeigen.

Burg Liessem

Bau des 26 m hohen Rundturms. Diese Befestigungsanlage diente der Beobachtung und Sicherung des Nimsübergangs. In 7 Stockwerke unterteilt, befand sich der Einstieg in 3,50 m Höhe, also ohne Leiter nicht erreichbar. 7 Meter mißt der Durchmesser, und in Bodennähe sind die Mauern 2 m dick. Ihre Stärke nimmt nach oben immer weiter ab. Für den Belagerungsfall war jedes Stockwerk mit dem Allernotwendigsten ausgestattet, ja gewährleistete den Bewohnern ein Maximum an Bequemlichkeit: Kamine, Fensternischen mit Sitzgelegenheiten, in die Wandung eingelassene Vertiefungen, die wohl als Schränke anzusehen sind, sowie Schießscharten und vor dem Raum je ein Abort. Lediglich das alleroberste Geschoß ruhte auf schweren Holzbalken und diente mit seinen breiten Fensteröffnungen als Ausguck und Wehrplatte.

Um 1340 änderten sich die Besitzverhälmisse. Dem stets auf Expansionskurs befindlichen Trierer Erzbischof Balduin von Luxemburg gelang es, sich Rittersdorf einzuverleiben, und so nennt ein Vertrag aus diesem Jahr Theoderich – überall als Swinde bekannt – als Lehnsmann des Kurstaates Trier. Dieses Verhältnis währte 250 Jahre, und in dieser Zeit entstanden weitere Befestigungsanlagen. Leider fehlt der Nachweis einer Kapelle, doch konnte in den Burgen auch ein anderer Saal zum Gottesdienst genutzt werden, zumal 1487 der Trierer Erzbischof auch erlaubte, Messen auf Tragaltären zu halten. In rascher Reihenfolge wechselten nun die Besitzer wie Johann von Falkenstein und Bettingen, Dietrich von Daun, Bernhard von Bourscheid, Christoph und Elisabeth von Kriechingen, die Markgrafen von Baden und Herrn zu Rodenmacher und dann Reinhard von Dasburg.

Mit den Edelherren von Enscheringen und dem Jahr 1491 waren plötzlich die Luxemburger wieder Lehnsträger. Und schon 1529 konnten die Enscheringer die Burg erwerben, und unter ihnen erfolgte der grundlegende Ausbau, bei dem die Burg in etwa ihr heutiges Erscheinungsbild erhielt.

In den Wirren des Dreißigjährigen Krieges wurde die Burg schwer beschädigt, ebenso bei den Auseinandersetzungen im pfälzischen Erbfolgekrieg des ausgehenden 17. Jahrhunderts. Um 1720 begann Johann Umbscheiden die kurz zuvor erworbene, schwer zerstörte Burg wieder aufzubauen. Doch mangels Mitteln erfolgte dies nur in sehr einfacher Form.

Die wiederhergestellte Wasserburg ist ein Kleinod der Geschichte und steht heute wieder ganz im Zeichen lukullischer Genüsse und nachzuempfindender Ritterfreuden.

Wegbeschreibung

4 km nördlich der alten Bierstadt Bitburg liegt Rittersorf. Auf einer modernen Umgehungsstraße verläuft heute der Verkehr der Bundesstraße 51. Um nicht am Ort vorbeizufahren, sollte man den Hinweisschildern größte Aufmerksamkeit schenken.

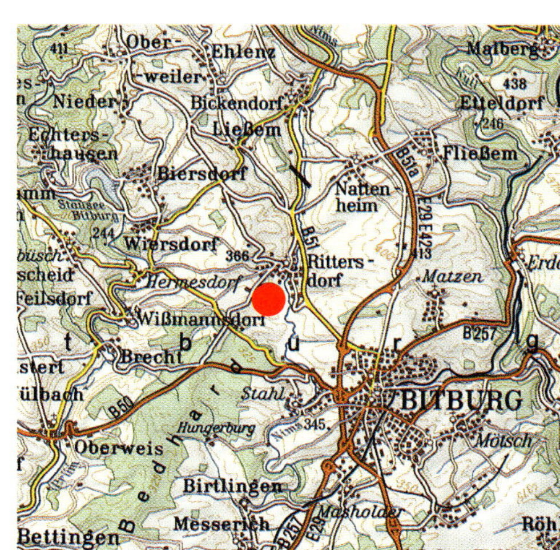

Burg Satzvey

Wenn Graf und Gräfin Beissel von Gymnich die Besucher begrüßen, fühlt man sich sofort in eine andere Welt versetzt. Atmen doch die Mauern der Satzvey, einer der bekanntesten und interessantesten Burgen der Nordeifel, sechshundert Jahre deutsche Vergangenheit.

Als Irmintrud von Millendonk Äbtissin ihres Klosters wurde, sanierte sie dessen zerrüttete wirtschaftliche Verhältnisse und erweiterte den Grundbesitz um mehrere Güter, darunter auch den Hof von Satzvey. Mit diesem Paradestück romantischer rheinländischer Wasserburgen wurde 1368 Otto von Vey als Untervogt belehnt. Einer Urkunde zufolge gehörte die Herrschaft Satzvey zum wohlhabenden adligen und weltlichen Stift Dietkirchen zu Bonn, den der Kölner Erzbischof (1370-1414) Friedrich III. von Saarwerden als Obervogt dem Frauenstift zu Lehen übertragen hatte. Doch nur kurz währte die Herrschaft der Veys. Schon Ottos Sohn, Reinhard von Vey, blieb ohne männlichen Nachfolger, ihm war aber eine Tochter vergönnt. Nach dem Tode Reinhards gelangte die Burg in den Besitz seines Schwiegersohnes Heinrich von Krauthausen. Unter ihm und seinen Nachfahren setzte im 15. Jahrhundert eine rege Bautätigkeit ein, mit der die Wasserburg ihr endgültiges, noch heute erhaltenes Aussehen erhielt.

Das „Pech", keine männlichen Erben zu zeugen, blieb auch den Krauthausens und etlichen weiteren Nachfolgern treu. Als die Familie von Krauthausen ausgestorben war, gelangte der Besitz in die Hände der Herren von Meller. 1512 verstarb Heinrich von Meller, und das Lehen fiel an seine beiden Schwiegersöhne, danach an die Familien vom Luelstorff zum Haen und Heinrich Spiess von Büllesheim. Letzterer setzte sich durch einen Vertrag in 1561 als alleiniger Lehnsherr durch. Zusammen mit seinem Sohn Ernst Wilhelm versuchte Heinrich, Satzvey zur Allodialherrschaft (Privatbesitz) zu machen. Zunächst scheiterten alle Kaufverhandlungen nicht an den Stiftsdamen von Dietkirchen, sondern an der hartnäckigen Haltung des Kölner Erzbischofs (1562-1567) Friedrich IV. von Wied.

Erst den Nachfolger Saladin von Isenburg, von 1567 bis 1577 Erzbischof, konnte das Frauenstift überzeugen, und so stimmte er dem Verkauf des Gutes mit allen Rechten und Gerechtsamen an Ernst Wilhelm von Spiess zu. Ob Saladin zu diesem Zeitpunkt schon eigene Vorstellungen – ähnlich wie der Herzog von

Besonderheiten

Tradition hat Zukunft. Führungen im außerordentlichen Ambiente nach Vereinbarung. Als Burgherr für einige Stunden oder Tage bei Jubiläen, Firmenfesten, Hochzeiten, Tagungen, außerordentlichen Konferenzen u. a. m. kann sich hier jeder fühlen. Festspiele (rund ums Mittelalter mit Ritter, Tod und Teufel, Minne und Romantik) sowie das bunte Treiben auf dem regelmäßig stattfindenden Burgmarkt (mit dem Spiel der Gaukler, Zauberer und Feuerschlucker, aber auch mittelalterlicher Handwerkskunst) runden das Programm ab. Info 02256/1884.

Jülich – im Hinterkopf hatte, ist nicht bewiesen, doch liegt die Vermutung sehr nahe. Schließlich trat er 1577 von seinem Amt als Erzbischof zurück und heiratete, um sein Geschlecht vor dem Aussterben zu bewahren.
Die Änderungen der Besitzverhältnisse konnten den Jülichern hier im Grenzbereich ihres Territoriums keineswegs recht sein. Sie brauchten um ihren Machterhalt nicht zu fürchten, doch waren sie stets bemüht, ihren Bereich zu arrondieren. 1578 wurde die Burg im Kampf erobert und bis ins Jahr 1581 besetzt. Schließlich siegte doch die Gerechtigkeit, und die Burg blieb bis 1747 Eigentum der Familie von Spiess. Finanziell am Ende, verkaufte deren letzter Sprößling, Johann Franz Wilhelm Spiess von Büllesheim, die Herrschaft an Caspar Josef zum Pütz in Köln.
Das wiederum paßte Carl Caspar von Gymnich (ein naher Verwandter derer von Spiess) nicht. Mit Erfolg setzte er seine vorrangigen Rechte durch und erwarb 1738 die Burg mit allen noch bestehenden Rechten und Gerechtsamen, also die hohe und niedere Jurisdiction, Jagd und Fischerei sowie Appellation nach Wien und Wetzlar.
Fast 100 Jahre verblieb das Rittergut in der altadeligen Familie von Gymnich. Doch mit dem Tode des Freifräuleins Johanna von Gynmich (einer Stiftsdame zu Neuss) erlosch die Linie. Reichsgraf Max-Felix Wolff-Metternich zur Gracht (Neffe und Patensohn des Freifräuleins) war ihr Universalerbe, und ihm fiel nun zu dem großen Gymnicher Vermögen auch noch Satzvey zu. Von diesem Zeitpunkt an blieb die Burg in Familienbesitz und wurde lediglich in der 20jährigen Franzosenherrschaft 1796 Sitz einer Bürgermeisterei des Roer-Departements.
1979 übernahm der jetzige Eigentümer das Anwesen von Adeline Gräfin Beissel von Gymnich, geb. Gräfin Wolff-Metternich zur Gracht. Franz Josef Graf Beissel von Gymnich und seine Frau erkannten die Zeichen der Zeit. Weitblick, unternehmerisches Denken und kaufmännisches Handeln sind die Basis, einen derartigen Gutsbesitz erfolgreich zu führen. Mit viel Engagement haben die beiden, ohne Inanspruchnahme öffentlicher Mittel, die Burg liebevoll restauriert.
Historische Veranstaltungen, kulturelle Inszenierungen und die Ausrichtung privater Festlichkeiten, ob mitteralterliche Gasterey oder Gourmet-Diner, vermitteln eine einzigartige Atmosphäre, in der die Zeit scheinbar stehengeblieben ist.

Burg Zievel

Bei Lessenich-Rissdorf hebt sich die Burg Zievel erkennbar durch ihren runden schlanken Bergfried, sehr von der Nachbarburg Satzvey ab.
Der Sage nach geht der Name Zievel auf den einäugigen Anführer der Bataver, Claudius Civilis, zurück, der 69/70 n.Chr. die römischen Rheinlegionen durch einen Überraschungsangriff schlug. Nachdem die kriegserfahrenen Legionäre sich von dieser Niederlage erholt hatten, schlug das Imperium Romanum zurück, und unter Kaiser Vespasians Führung brach der Bataveraufstand zusammen. Entgegen der sonst üblichen Gepflogenheiten konnten Civilis und die Seinen straffrei in ihre Heimat, das Rheindelta, zurückkehren.
Wenn auch urkundlich für das Jahr 1077 der Limburger Graf Heinrich II. und der Kölner Erzbischof Philipp von Heinsberg genannt werden, dürfte doch die Burg erst in der zweiten Hälfte des 14. Jahrhunderts entweder unter Schmeich von Lissingen oder den Herren von Daun errichtet worden sein. Gesicherte Erkenntnisse liegen noch nicht vor.

Wegbeschreibung

Nur wenige Kilometer sind es von der Autobahnausfahrt Nr. 111 Wißkirchen auf der A 1 bis zur Burg. Auch per Eisenbahn auf der Strecke Köln-Trier ist eine Anreise möglich.

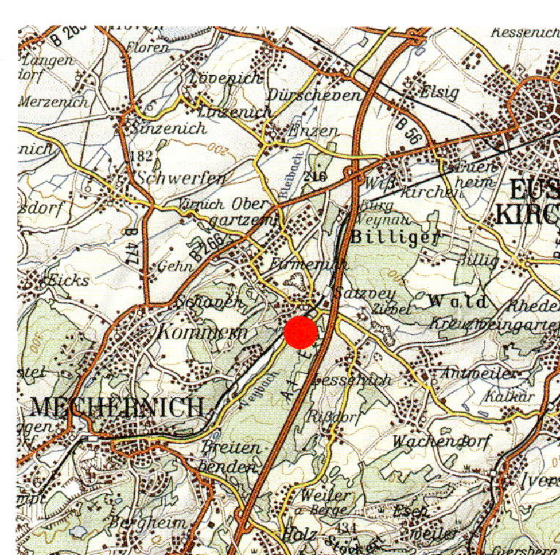

Burg Schleiden

Auf einer Bergzunge, die in west-östlicher Richtung zwischen Diefenbach und Olef sehr weit ins Tal vorspringt, einer von mittelalterlichen Burgenbauern bevorzugten Stelle, steht alles beherrschend das im 18. Jahrhundert umgebaute Schloß.

Es wurde auf den Grundmauern der alten Burg errichtet, und deren Geschichte begann mit der Ersterwähnung im Jahre 1121. Die Herren von Schleiden stammen von dem mächtigsten Eifelgeschlecht ab, den Grafen von Blankenheim. Zur Zeit Ritter Gerhards I. von Blankenheim dürfte die Burg mit dem Ort entstanden sein. Doch schon 1140 trat Gerhards Sohn Konrad von Blankenheim sein väterliches Erbe an und nannte sich forthin Konrad von Schleiden.

Bereits 150 Jahre später mußten die Erben den Grafen Heinrich V. von Luxemburg als Lehnsherrn anerkennen. Mit der Unterwerfung Konrads von Schleiden im Jahre 1271 ging auch das „Tal" (eine Bezeichnung, die juristisch als Zwischenstufe zwischen Dorf und Stadt zu sehen ist) samt der Bevölkerung in gräflichen Besitz über.

Mit dem Tode Johann II. von Schleiden starb das Geschlecht im Mannesstamme aus und gelangte nun durch Heirat der Tochter Elisabeth an Dietrich III. von Manderscheid, der 1468 seine Machtstellung nutzte, um vom Kaiser in den Grafenstand erhoben zu werden. Fortan nannte er sich Graf von Manderscheid, Blankenheim, Gerolstein, Jünkerath, Kronenburg und Schleiden. Man trieb schwunghaften Handel untereinander, und Schleiden entwickelte sich zu einem finanzstarken Wirtschaftszentrum.

Zeichnung Ende des 18. Jahrhunderts

Als Dietrich IV., der „Weise“ (1481-1551), dann seine ständige Residenz in dem Anfang des 16. Jahrhunderts neu errichteten Schloß aufschlug, erlebte Schleiden erneut einen enormen Aufschwung. Hier am Hofe gingen die weltbekannten Schleidener Söhne ein und aus. Johannes Philippsen (1506-1556), genannt Sleidanus, Humanist und großer Historiker der Reformationszeit, Johannes Sturm, Lehrer und Begründer der Universität Straßburg, und die Söhne aus den bedeutenden Rheidtmeierfamilien Poensgen, Schöller und Günther haben hier zusammen mit dem Junggrafen Dietrich V. ihre Kindheit verbracht und später gemeinsam die Schulbänke der St. Hieronymus-Schule in Lüttich gedrückt. Die Freundschaft brach auch nicht auseinander, als man danach an den Universitäten Köln und Löwen studierte.
Den Lutheranern gegenüber zeigte schon Vater Dietrich IV. eine sehr tolerante Haltung, doch Sohn Dietrich V. war Luthers Lehre mehr zugetan, vermied aber aus politischen Gründen den Übertritt.
Dietrich VI. (1560-1593) aber war engagierter Lutheraner, und mit ihm versuchte die Reformation nach 1560, in den katholischen Eifeldörfern Fuß zu fassen. Er setzte bereits in den Orten der Herrschaft Kronenburg evangelische Pastoren ein. Als dann 1581 Philipp von der Mark (ein strenger Katholik), Katharina, die jüngste Schwester Dietrichs heiratete, kam die Lehre Luthers kaum über die Grenzen Schleidens hinaus.
Vier Wochen, nachdem Graf Dietrich VI. am 3. Januar 1593 in Kerpen verstorben war, vertrieb Philipp dort seine Schwägerin, die Witwe Gräfin Elisabeth. Sie hatte sich hier nach Schleiden zurückgezogen und sah nun, ohne jegliche Unterstützung der ewig im Erbstreit liegenden Manderscheider Linien, erneut dem Besuch ihres lieben Verwandten nebst Gattin entgegen, der sich für den 13. März 1593 angesagt hatte.
Philipps Frau fuhr die arme Gräfin Elisabeth an: *„Mein herr ist herr hie, sie, die fraw Wittib, ist nit herr hie“*. Zwei Monate später überließ Elisabeth entnervt das Residenzschloß ihren „Gästen“ und zog sich nach Kronenburg zurück.
Und als es unter Philipps Einfluß auch noch gelang, die Herrschaft in den Reichsgrafenstand zu erheben, nahm er sich die Freiheit heraus, in allen Dingen ein Wort mitzureden und seine Ansichten durchzusetzen. Unter ihm erlassene Verbote und harte Strafen trugen dazu bei, daß der evangelisch-katholische Glaubensstreit keine Fortsetzung fand und lediglich die Stadt Schleiden sich zu einem Zentrum des Protestantismus entwickelte.
1689, 1702 und 1716 wurde die Festung dreimal erobert und zerstört. Unter Ludwig Peter, er war der vorletzte derer von der Mark, entstand das Schloß im großen und ganzen in seiner heutigen Form mit dem zu einem Ganzen verbindenden Couvenbau in der Südfront.
Margaretha, die Tochter des letzten Grafen v. d. Mark, brachte ihr väterliches Erbe durch Vermählung mit dem Herzog Karl-Maria von Arenberg an dieses Geschlecht, bis die Grafschaft 1795 aufgelöst wurde und später, nach dem Wiener Kongreß 1815 mit den übrigen luxemburgischen Eifelterritorien zu Preußen gelangte.
Im Bombenhagel des Zweiten Weltkriegs wurde das Schloß bis auf die Außenmauern vernichtet und ab 1952 unter größtmöglicher Beibehaltung der alten Kulisse wieder aufgebaut; es dämmert zur Zeit vor sich hin und harrt einer baldigen neuen Nutzung entgegen.

Burg Dreiborn

Das Territorium der Dreiborner Herrschaft grenzt unmittelbar an Schleiden und ist 1420 entstanden, als Werner von Vlatten den Besitz als Erbmannlehen vom Jülicher Herzog erhielt. Aufgrund der günstigen Lage an der Lederstraße wuchs das Gebiet sehr schnell und hatte sich schon bald als die größte Unterherrschaft des Herzogtums herausgebildet. Die höchstgelegene Wasserburg des Rheinlandes ging nach etlichen Zwischenstationen 1586 an die Freiherren von Harff, und sie hielten den Besitz unter Beibehaltung der Lehnsbindung an Jülich bis zum Ende der Feudalzeit 1795.
Heute ist die Burg wiederum im Besitz der Familie von Harff, und ihr gegenwärtiger Pächter betreibt hier eine Trakehnerzucht.

Wegbeschreibung

Wo sich die beiden Bundesstraßen 258 und 256 im Deutsch-Belgischen Naturpark treffen, liegt das idyllische Städtchen.

Burg Schönecken

Im schmalen waldreichen Nimstal, auf einem Bergsporn, thront die Ruine der Burg Schönecken über den Dächern des gleichnamigen Ortes. Die Burgmannen waren mit der Aufgabe betraut, die Südgrenze des Territoriums der Fürstabtei Prüm zu sichern und auch die durch das Tal führende Straße von Bitburg nach Prüm zu kontrollieren.

Wer den Grundstein legte, geht aus keiner Urkunde hervor. Fest steht, daß die Grafen von Vianden als Baumeister und seit dem Jahre 1132 als Schutzvögte der Abtei auftraten.

Einen ersten schriftlichen Nachweis lieferte 1132 eine Prümer Urkunde, in der Graf Friedrich I. von Vianden, der dem Prümer Abt in weltlicher Instanz bei rechtlichen Streitfragen zur Seite stand, genannt wurde.

Im 13. Jahrhundert kam es zu einer ernsthaften Familienkrise: Friedrich II., Erbnachfolger von Heinrich I., starb noch zu Lebzeiten seines Vaters im Jahre 1248. Friedrichs Sohn, Heinrich II., wurde von seinem Großvater trotz der Erstgeborenenrechte übergangen, weil er noch ein Kind war. Heinrich I. setzte seinen zweitgeborenen Sohn Philipp als Nachfolger ein.

Dies war der Anlaß zur Familienfehde zwische Neffe und Onkel, die darin gipfelte, daß der inzwischen herangewachsene Erstgeborene seinen Onkel Philipp (den Bruders seines Vaters) in der Burg gefangensetzte.
Und spätestens jetzt nahm das Geschehen überregionalen Charakter an. Auf Ersuchen des Bischofs Heinrich von Utrecht (einem weiteren Bruder Friedrichs II.) sowie Peters von Vianden (Probst zu Lüttich) mußte sich sogar Graf Heinrich der Blonde von Luxemburg einschalten. Er erwirkte Philipps Freilassung, allerdings unter der Zusage, daß die Grafschaft Vianden zu dem Luxemburger ein direktes Lehnsverhältnis einging. Von nun an nannte sich Heinrich II. Herr von Schönecken und begründete auf diese Weise die Viandener Seitenlinie der Schoenecker.
Damit war das im Mittelalter beliebte und sehr verbreitete Dreierverhältnis geschaffen: Obereigentum Abtei, sowie Lehns- und Unterlehnsmann. Starb einer der drei Partner, so mußte das Lehnsverhältnis neu geregelt werden, sofern keine anderen vertraglichen Abmachungen bestanden.
Graf Heinrich V. (1247-1281) von Luxemburg glaubte hier leichtes Spiel zu haben und eignete sich die vom Abt zu Lehen anvertrauten Güter völlig widerrechtlich an.
Ein Schiedsspruch aus dem Jahre 1280 verhinderte dies und wies den alternden und auf Expansion bedachten Grafen in seine Schranken. Dabei mußte er dann auch auf die Hochgerichtsbarkeit (das sogenannte Blutgericht) und auf Marktrechte verzichten, ehe er offiziell Burg und Güter wieder als Lehen annehmen durfte.
Nicht ohne Folgen blieb im frühen 14. Jahrhundert ein Dreier-Lehnsverhältnis des Hartard von Schönecken. Das erste bestand mit Luxemburger Grafen und König Johann von Böhmen, ein zweites mit Kaiser Karl IV. (1347-1378), der ebenfalls aus dem Luxemburger Geschlecht stammte, und ein drittes mit dem Trierer Kurfürsten Balduin, der auch ein Sproß des gräflichen Luxemburger Hauses war. Damit rückte Schönecken in die Interessensphäre des immer auf Ausdehnung seines Kurstaates bedachten Balduin. Doch es sollten noch 30 Jahre vergehen, ehe die Burg 1384 an die Trierer gelangte.
1370 starb mit Johann, der seit 1355 Herr von Schönecken war und kinderlos blieb, das Adelsgeschlecht aus. 1377 erwarb Herzog Wenzel II. von Luxemburg, der von 1378-1400 deutscher Kaiser war, die Burg. Dieser lebenslustige, aber stets von Geldsorgen geplagte Wenzel mußte sie 1384 veräußern, und so kaufte sie der Trierer Erzbischof Kuno II. (1362-1388) von Falkenstein. Viele Verwalter, namentlich alle bekannt, hatten hier im Auftrag des Kurstaates als Burggrafen bis zur französischen Besatzung im Jahre 1794 treu gedient.
Weil die trierischen Amtmänner immer auf einen guten Erhaltungszustand Wert legten, blieb die Burg von der Zerstörung durch die Revolutionstruppen verschont. Doch 1802 ereilte sie ein anderes Schicksal: Eine Brandkatastrophe vernichtete weite Teile der Burg und das ganze Dorf. Die französische Regierung erteilte den Ortsbewohnern die Erlaubnis, das ausgedehnte Mauerwerk der Wehranlage als Steinbruch für den Wiederaufbau des Dorfes zu nutzen.
Ausgiebig nahm man dieses Recht in Anspruch, so daß heute von der imposanten Hauptburg nur noch die Ringmauer mit mehreren großen Türmen übriggeblieben ist.

Rundgang

Man beginnt am besten unterhalb der Burg. Dort beherrscht das große Gebäude der ehemaligen kurfürstlichen Kellnerei, 1718 nach Plänen von Philipp Honorius Ravensteyn erbaut, mit dem aufgetreppten Straßenportal das Ortsbild. Die Burg erstreckt sich auf einer Länge von 120 m von der Spitze der Bergzunge im Westen bis zu dem Halsgraben im Osten. Alle drei Türme und das Mauerwerk sind torkretiert und zukunftsträchtig durch die Bauhütte der staatlichen Schlösserverwaltung Rheinland-Pfalz gesichert.

Eierlage

Bei der bekannten Schöneckener „Eierlage“ messen sich jeweils am Ostermontag zwei Junggesellen des Dorfes in einem Wettlauf. Der eine als „Eierleger“ und der andere als „Eierraffer“.
Traditionell hält man an diesem schönen Brauch fest, der jährlich viele Besucher anzieht.

Wegbeschreibung

Auf der Bundesstraße 51, 20 km von Bitburg und 10 km südlich von Prüm, steht weithin sichtbar im Ortsteil Schönecken-Wetteldorf die abends auch angestrahlte Burg.
Die beste Zufahrt vom Tal her führt über die steil emporsteigende Burgstraße.

Burg Stolberg

Auf einem steilen Kalksteinfelsen, im engen Tal des Vichtbaches, ragt die Burg heute als das weithin sichtbare Wahrzeichen der Kupferstadt heraus. Ihr verdankt die Stadt Stolberg Entstehung und Namen.
Wann hier in der beherrschenden Höhenlage das erste befestigte Gebäude errichtet wurde, ist sehr ungewiß. So sind historisch gesicherte Erkenntnisse erst nach 1100 zu gewinnen. In mehreren Urkunden des 12. Jahrhunderts wird ein Edelherrengeschlecht derer von Stalburg erwähnt, wobei die älteste aus dem Jahre 1118 stammt.
Die starken Mauern sind so kunstvoll im Felsen verankert, daß die ganze Burganlage wie aus dem Gestein herausgewachsen erscheint.
Nicht ohne Stolz und bestimmt auch mit Recht nannten die Edelleute ihren ersten Höhensitz hier „Stalburg". Ist doch „Stal" ein mittelhochdeutsches Wort und bedeutet „fest" oder „standhaft". Folglich bedeutet „Stalburg" nichts anderes als „feste Burg". Und aus Stalburg hat sich durch lautliche und sprachliche Wandlung der Name „Stolberg" entwickelt.
Im Laufe der Jahrhunderte hat die Burg nicht nur mehrfach den Besitzer, sondern auch ihr Aussehen gewechselt. Als sie Mitte des 15. Jahrhunderts in den Besitz der mächtigen Herzöge von Jülich kam, stand nach der Belehnungsurkunde von der ersten bescheidenen Hofanlage nicht mehr viel.
Die Jülicher übertrugen den Sitz mit dem dazugehörigen Gelände Wilhelm von Nesselrode als Unterherrschaft. Wilhelm ließ nun eine neue, wehrhafte und

geräumige Burg errichten, wozu ihn die Jülicher verpflichtet hatten, denn die Zeitläufe waren unruhig und unsicher. Die Anlage bestand aus dem runden Bergfried, an den sich nach Westen hin das große Palasgebäude anschloß, das durch den niedrigen Anbau (Kemenate) erweitert war. Auf der Westseite stellte ein Torbau die Verbindung zu einem Flankierungsturm her. 1496 wurde die Unterherrschaft Stolberg dann mit Vinzenz von Efferen belehnt.
In der ersten Hälfte des 16. Jahrhunderts kam es hier im Grenzbereich der Machtblöcke zu einer eigenartigen Entscheidung. Im „Münsterländchen" übten die Reichsunmittelbaren des 814 gegründeten Klosters Kornelimünster die Hoheitsrechte aus. Fehden gehörten durch die verworrenen und umstrittenen Eigentums-, Rechts- und Hoheitsverhältnisse der vielen weltlichen und geistlichen Territorien zwischen Maas und Rhein fast zur Normalität. Und so fand man sich im Jahre 1548 vor dem Reichskammergericht wieder, das dann zunächst entschied, von einem Maler das Stolberger Tal zeichnen zu lassen, damit das Gericht zur Urteilsfindung sich ein anschauliches Bild des strittigen Grenzabschnitts machen konnte.
So entstand ein einzigartiges Kunstwerk, und die viereinhalb Meter lange Karte (sie befindet sich im Landesarchiv Düsseldorf) gibt ein wirklichkeitsgetreues Bild des Stolberger Tales wieder. Nach Fertigstellung der Karte wurde auch der Maler wieder in den Prozeß eingebunden. Er mußte schwören, die strittige Örtlichkeit richtig gemalt zu haben.
Trug die Burg in dem folgenden Jahrhundert durch Krieg, Brand, Plünderung, Erdbeben und Explosionen oft starke Schäden davon, so wurde sie stets nach den Bedürfnissen der jeweiligen Besitzer wiederaufgebaut. Und weil Ackerbau und Viehzucht nur spärliche Erträge abwarfen, unterstützten die Landesherren besonders die Eisen- und Messingproduktion. Unter dem Geschlecht der Efferen gelang es ihnen, 1629 die rechtliche Anerkennung der Selbständigkeit des Territoriums durchzusetzen.
Mit realistischem Blick für konjunkturelle Möglichkeiten gaben sie die entscheidenden Impulse, durch die Stolberg und der gesamte Raum einen enormen wirtschaftlichen Aufschwung erlebten. Hatten doch schon die Kelten und später die Römer Erze abgebaut und verarbeitet, erkannten sie den Reichtum des Gebietes an Bodenschätzen und setzten dann den durch die Wirren der Völkerwanderung unterbrochenen „Fabrikationsprozeß" der Verhüttung wieder in Gang. Zudem zog die liberale Gesinnung noch viel mehr Gelbgießer aus der Umgebung an, die Stolberg zu einer Monopolstellung im Welthandel verhalfen. So siedelten die meisten protestantischen Kupfermeister aus der katholischen freien Reichsstadt Aachen über, um den Glaubenskämpfen zu entgehen, und andere, weil man sich im Herzogtum Jülich den sonst üblichen strengen Zunftstatuten nicht unterwerfen mußte. Aus vielen Familien erwuchsen Industrieunternehmen, die heute noch Weltgeltung besitzen.
Als 1794 die Französischen Revolutionstruppen die linksrheinischen Rheinlande besetzten, fanden die bestehenden Herrschaftsverhältnisse ein jähes Ende. Und auch auf dem Wiener Kongreß (1814-1815) entschied nicht die Bevölkerung, sondern bestimmten Diplomaten über das Schicksal des Landes. Preußen erhielt nun die Rheinlande sozusagen als Trostpflaster für die von ihnen geforderten, aber nicht gewährten Teile Sachsens.
Bei den Instandsetzungsarbeiten aufgrund der Beschädigungen des letzten Krieges bemühte man sich sehr, das historische Aussehen der Burg wiederherzustellen.
Der Rittersaal dient heute kulturellen Veranstaltungen, offiziellen Empfängen und öffentlichen Sitzungen des Stadtrates.

Ehemaliger Kupferhof „Sonnental"

Riesige Galmeifelder, leichte Beschaffung der Brennstoffe wie Holz und Kohle und ausreichende Wasserkraft waren die Voraussetzung für die Blütezeit der Stolberger Messingindustrie. Mit dem wachsenden Reichtum der Kupfermeisterfamilien ging gleichzeitig ein gewisses Repräsentationsbedürfnis einher. Und so gestaltete man seine Höfe wie Adelshäuser, sodaß noch heute am Vichtbach und seinen Nebenbächen eindrucksvolle Herrenhäuser, wie das Foto zeigt, hiervon Zeugnis ablegen.
Neben vielen noch heute tätigen Unternehmen hat auch Jeremias Hoesch (Stammvater der Hoesch-Werke) hier seinen ersten Kupferhof betrieben.

Wegbeschreibung:

Im Dreiländereck Deutschland, Holland, Belgien ist Stolberg über Autobahnen und Bundesstraßen gut erreichbar.

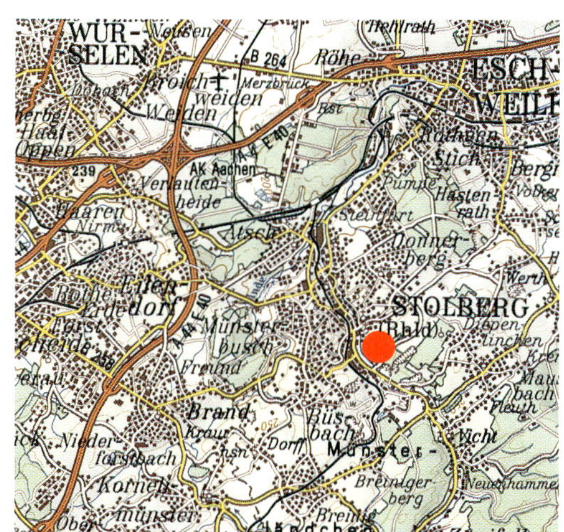

Kurfürstliches Palais Trier

Blick vom Palastgarten auf den Rokokoflügel mit dem links überragenden Dach der Basilika.

Aula Palatina

Eine der besonderen Sehenswürdigkeiten der ältesten Stadt Deutschlands ist das Kurfürstliche Palais in Trier mit der sogenannten Basilika, der „Aula Palatina", von Constantin dem Großen. Von hier aus wurde Geschichte geschrieben, ja „Weltpolitik" gemacht. Hier treffen zwei Epochen aufeinander, die unterschiedlicher nicht sein können: Antike und Neuzeit. Zunächst der mächtige Bau des Palatiums als seitliche Begrenzung des Palais, das damit eine Einheit zu einer Vierflügelanlage bildet. Die drei anderen Seiten wurden im Renaissancezeitalter des frühen 17. Jahrhunderts bis zur Vollendung des Südflügels im Rokokostil des 18. Jahrhunderts umgebaut.

Bei einem der schlimmsten Überfälle 275/276 stießen die Alemannen und Franken vom Mittelrhein kommend bis zur Loire ins römische Imperium vor und verwüsteten Land und Städte, u. a. auch die Stadt Trier, die in der Antike AUGUSTA TREVERORUM hieß.

Mit Diocletian, Galerius, Maximian und Constantius Chlorus (dem Vater Constantins d. Gr.) war die Tetrarchie (Vierkaiserherrschaft) geschaffen. Nach Diocletians Abdankung im Jahr 305 herrschte Chonstantius Chlorus hier im Westen über die Provinzen Britannien, Gallien, Spanien bis Nordafrika. Trier wurde Kaiserresidenz, Verwaltungsmittelpunkt, Münzstätte und Sitz des Prätorianerprefekten.

Während eines Feldzuges gegen die Pikten im heutigen England starb 306 Constantius Chlorus überraschend in York an einem Herzschlag, und die

Legionäre riefen seinen Sohn Constantin zum Nachfolger aus. Constantin blieb bis 316 überwiegend in Trier und baute die Stadt glanzvoll aus, wie 310 ein Panegyriker (Lobredner) dokumentierte, bei dem es hieß: *„Ich sehe den Circus Maximus, der, wie ich meine, mit dem römischen wetteifert, ich sehe Basiliken und Forum, königliche Werke, und den Sitz der Gerechtigkeit sich zu solcher Höhe erheben, daß sie den Sternen und dem Himmel würdig und nah zu sein versprechen."*

Bis 390 residierten sechs römische Kaiser in Trier, doch mit dem Tode des Valentinian II. begann der Glanz der Kaiserstadt zu verblassen. Schon 395 wurde die Präfektur nach Arles verlegt und kurze Zeit später die Residenz nach Mailand. Der Übergang in den fränkischen Machtbereich dürfte Mitte der achtziger Jahre des 5. Jahrhunderts stattgefunden haben. Nach König Chlodwig (482-511) übernahmen die fränkischen Könige wahrscheinlich die verwaisten römischen Gebäude und setzten zur Verwaltung Gaugrafen ein.

Im Laufe der folgenden Jahrhunderte erwarben die Trierer Bischöfe ein königliches Recht nach dem anderen. König Ludwig IV. das Kind (893-911), letzter ostfränkischer Karolinger, schenkte 902 Bischof Radbod (883-915) die gesamten Einkünfte der königlichen Pfalz und, wie der Schenkungsurkunde zu entnehmen ist, so gut wie alle weltlichen Hoheitsrechte. Damit kam die Grafengewalt im Triergau nahe am Ende des 10. Jahrhunderts zum Erliegen, nachdem Erzbischof (956-964) Heinrich I. das bisher beim König verbliebene Marktrecht auch noch erwerben konnte. Wenige Jahrzehnte später stellte das alte Palatium

DN · CONSTANTINUS · MAX · AUG
(Constantin d. Gr., Reg. 306-337 n. Chr.)

Treppenaufgang zum Rokokosaal (geschaffen nach Plänen von Balthasar Neumann)

Der letzte Erzbischof (1768-1801) und Kurfürst Clemens Wenzeslaus von Sachsen

als erzbischöfliche Burg den Charakter einer Festung unter Beweis. Hierhin hatte sich Adalbero von Luxemburg verschanzt, als sein Schwager Kaiser Heinrich II. vergeblich versuchte, ihn, der sich 1008 nur durch List zum Erzbischof von Trier ohne kaiserliche Anerkennung hatte wählen lassen, zu vertreiben.

Doch erst mit der Übertragung der Vogtei aus der Hand des Pfalzgrafen Heinrich in die des Erzbischofs (1190-1210) Johann I. im Jahre 1197 wurde endlich die Macht ausgeschaltet, die den Bischöfen so viel zu schaffen machte. Jetzt war der Bischof oberster Gerichtsherr für alle Einwohner seines Gebietes. Und diese Tatsache war förderlich für die spätere Ausbildung der trierischen Landeshoheit. Im Laufe des Mittelalters bauten die Erzbischöfe das Palatium um, erweiterten die Anlage zwecks Nutzung als Wohnung und repräsentativer Hofhaltung um mehrere Gebäude und brachten auch die Verwaltung darin unter.

Spärlich sind die Baunachrichten der Folgezeit, als man bereits begann, Koblenz als Residenz zu bevorzugen, denn der viel sichere Ehrenbreitstein war eine der stärksten Festungen des „HEILIGEN RÖMISCHEN REICHES DEUTSCHER NATION".

Der Trierer Palast wurde dennoch nicht vernachlässigt, sah glanzvolle Feste und erlebte hohen Besuch. 1473 fand hier der Reichstag statt, bei dem u. a. auch Kaiser Friedrich III. (1415-1493) mit Karl dem Kühnen von Burgund über ein Ehebündnis ihrer Kinder Maximilian und Maria beriet und dabei die politischen Vorteile sorgsam abwägte. Während Kurfürst Richard von Greiffenclau, von 1511 bis 1531 Erzbischof, überwiegend in Koblenz residierte und sich kaum um den Palast kümmerte, zeichneten sich mit Johann von Schönenberg, Erzbischof zwischen 1581 und 1599, drastische Veränderungen ab.

Zwecks einer völligen Umgestaltung des Palatiums ließ er zahlreiche Häuser in Palastnähe ankaufen und abreißen. Doch es sollte nicht so recht vorwärtsgehen. Hinderlich waren im Rheinland 1583/84 die Bestrebungen des Kölner Erzbischofs und Kurfürsten Gebhard Truchseß von Waldburg, sein Erzstift zu säkularisieren. Darüber kam es zum Krieg, an dem sich auch spanische und niederländische Truppen beteiligten. Man bemühte sich um den äußeren Schutz der Stadt, ermahnte die Bürger zur strengen Beachtung der Wachtordnung und verbot 1586, sich unerlaubt von den kriegsführenden Parteien als Soldaten anwerben zu lassen. Hinzu kamen Pest und andere Seuchen, die zwischen 1581 und 1589, 1596 und 1599 wüteten und viele Menschenopfer kosteten.

Nach langem schweren Leiden starb 1599 Johann von Schönenberg. Sein Nachfolger, Lothar von Metternich, von 1599 bis 1623 Erzbischof, nahm den kostspieligen Umbau in Angriff. 1614 begann der Abriß, und man kann sich heute kaum noch ein Bild der ganzheitlichen Altanlage machen. Auch von der römischen Basilika fielen die Ostwand und große Teile der Südwand dem Neubau zum Opfer. Hinter Lothars v. M. Handlungsweise standen die gesteigerten Ansprüche des Kirchenfürsten nach einer fürstlichen und zweckmäßig eingerichteten Renaissance-Residenz, einer Vierflügelanlage mit zentralem Hof, Renaissance-Fassaden, der zur Stadt hin gelegenen römischen Außenmauer und der römischen Apsis.

Merianstich (17. Jahrhundert)

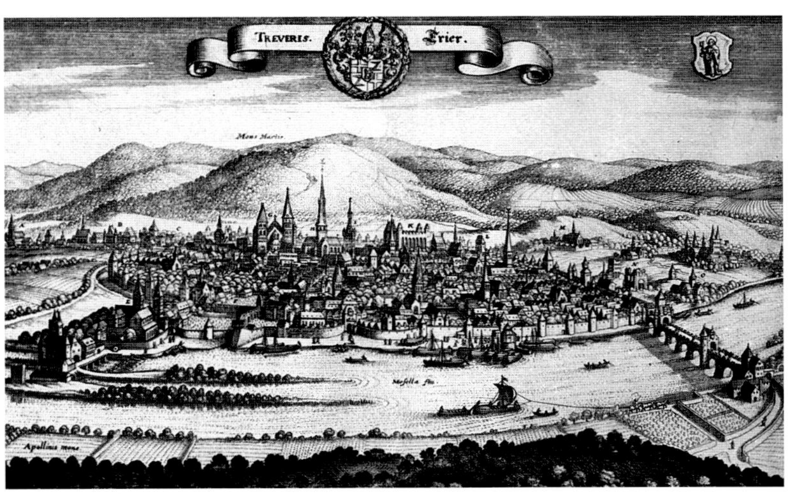

Erst Kurfürst Philipp Christoph von Sötern, der von 1623 bis 1635 und von 1645 bis 1652 Erzbischof war, vollendete den Palastkomplex. Die Vollendung des Hoch- und Niederschlosses mit Marstall, Petersburgportal und Außenmauer verzögerte sich, da der Erzbischof wegen

Hochverrates zehn Jahre lang in Wien gefangengehalten wurde.
Der sich heute dem Betrachter bietende Anblick des Südflügels, begonnen mit dem Baumeister Balthasar Neumann unter Kurfürst Franz Georg von Schönborn, Erzbischof von 1729 bis 1756, wurde dann unter Kurfürst Johann Philipp von Walderdorff, Erzbischof zwischen 1756 und 1768, durch seinen Hofbaumeister Johannes Seiz (dem Lieblingsschüler Neumanns) vollendet.
Mit der Besetzung Triers durch die französischen Revolutionstruppen 1794 zerbrach die alte, fast tausend Jahre währende Ordnung. Man plünderte den Palast, wandelte ihn in ein Militärlazarett um und schließlich in eine Kaserne. Zunächst ging das sehr zögerlich vor sich, doch Napoleon forcierte die Maßnahme. Und weil er die finanziellen Lasten nicht selbst tragen wollte, verwirklichte er seine Idee, den Palast der Stadt zu schenken, und bürdete ihr damit die Einrichtungsund Unterhaltungskosten auf. Die Stadt war 1810 nicht gerade erfreut über diese Schenkung, brachte sie doch nur Lasten statt Nutzen, weil das Gebäude ausschließlich dem Militär zur Verfügung stand.
1814 brach mit dem Einrücken der Preußen die französische Herrschaft zusammen. 1835 beschloß die Stadt, den antiken Teil dem preußischen Kronprinzen und späteren König Friedrich Wilhem IV. zu schenken. Schon aus der Kronprinzenzeit war Friedrich Wilhelms Begeisterung für die Antike bekannt.
Sich des Wissens um das besondere Interesse des preußischen König für antike und frühchristliche Bauten bewußt, reifte ein großartiger Plan: Aufgrund der stattlichen Reste könnte man das römische Palatium wieder aufbauen und als evangelische Kirche nutzen. Der König war begeistert und erließ am 27. November 1844 die Kabinettsorder, „die Basilika in ihrer ursprünglichen Größe und Stilreinheit mit Benützung der sehr bedeutenden römischen Reste“ wiederherzustellen „und nach vollendeter Restauration und kirchlicher Ausschmückung der evangelischen Civil- und Militärgemeinde als Gotteshaus“ zu übergeben.
In den Nachkriegsjahren wurden die Zerstörungen durch Bomben des Zweiten Weltkrieges schnell beseitigt, die Basilika, wieder in Händen der evangelischen Kirchengemeinde, steht allen Besuchern offen, und das Kurfürstliche Palais wurde mit Fertigstellung 1956 wieder Regierungssitz, jedoch nur Sitz der Be-

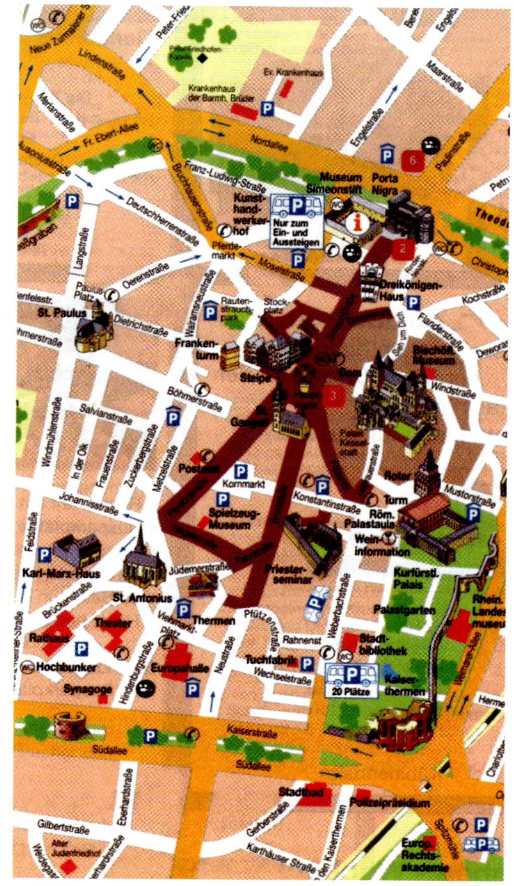

Ausschnitt aus dem Stadtplan Triers

Jakob Lothary: Kurfürstliche Residenz im 17. Jahrhundert, Aquarell 1808, Städtisches Museum Simeonstift

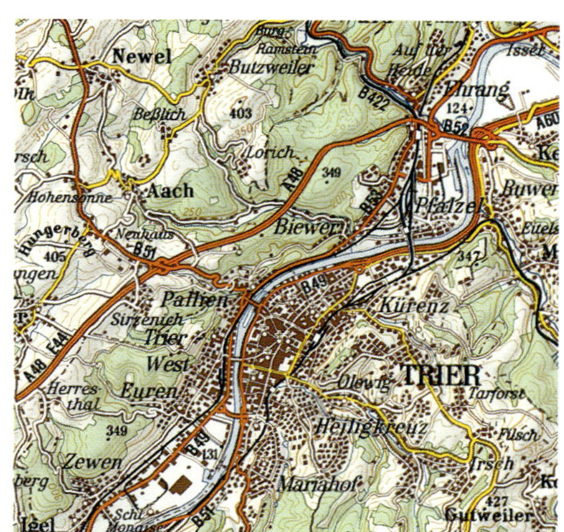

Burgruine Ulmen

Was den Reiz einer Vulkanlandschaft ausmacht, wußten schon die Angehörigen des pfalzgräflichen Ministerialengeschlechts, als sie in der ersten Hälfte des 12. Jahrhunderts die Ober- und Niederburg (von letzterer ist nichts mehr erhalten) erbauten. Im Ulmener Maar, dem wassergefüllten Krater vulkanischen Ursprungs, spiegeln sich Ort und die Ruine der Burg, von den Erbauern unmittelbar an den Kraterrand gesetzt, wobei das steil abfallende Gelände geschickt genutzt wurde. Ein weiterer Fakt für den Bau der Burg liegt im Maar selbst begründet, denn noch heute ist es wegen seiner Wärme einer der beliebtesten Badeseen der ganzen Gegend. Die warme Quelle, die den See speist, ist ein letztes Zeugnis der Zeit, als hier vor gerade mal 8000 Jahren die letzten Vulkane diese Landschaft in eine pure Hölle verwandelten.

Während das Dorf mit seinen bis ans Wasser heranreichenden Fachwerkhäusern, der Kirche und den Ruinen der Oberburg die eine Hälfte des kreisrunden Sees schmücken, ist die andere mit Wald umgeben.

Daher mag vielleicht auch der Name Ulmen stammen, denn das heutige große umliegende Waldgebiet ist, nach zahlreichen Funden zu urteilen, uraltes Siedlungsgebiet. Neben den zahlreichen Spuren römischer Terra-sigallata-Scherben, Münzen, Wasserleitungs- und Villenresten geben auch Brandgräber und ein Grabhügel aus der La-Téne-Zeit (um 500 vor Chr.) sichtbares Zeugnis frühgeschichtlichen menschlichen Lebens.

Aus dem Geschlecht der von Ulmen ging als bekanntester Vertreter Ritter Heinrich hervor. Zog es ihn doch mit gutem Willen und mit vielen Freunden zweimal Richtung Heiliges Land, um dort den unterdrückten christlichen Brüdern beizustehen. 29 Jahre jung war Heinrich, als er mit jenem unseligen 4. Kreuzzug das erste Mal ausrückte. Trotz katastrophaler Pannen und Niederlagen vorangegangener Kreuzüge war der Zulauf an Freiwilligen ungebrochen. Man hätte meinen können, die Teilnahme sei der einzige Weg, in den Himmel zu kommen.

Waren die ersten Kreuzzüge noch von großem religiösem Eifer geprägt, traten von mal zu mal immer mehr wirtschaftliche Gründe in den Vordergrund. Und so nutzten die Venezianer dies auch geschickt aus und lenkten den 4. Kreuzzug nach Konstantinopel, um von den Teilnehmern ihre Differenzen mit der Handelskonkurrenz austragen zu lassen. Am 12. April 1204 wurde Konstantinopel unter Hinterlassung einer fürchterlichen Blutspur „erobert". Papst Innozenz III. (1198-1216) verhängte daraufhin über die Führer den Kirchenbann, weil ihre Handlungsweise dem „christlichen Namen keine Ehre" gemacht hatte. Aber darum scherte man sich wenig.

Graf Balduin von Flandern ernannte seinen treuen Ritter Heinrich von Ulmen zum „praefectus imperatoris" (Stadtkommandant) von Konstantinopel.

Er brachte aus der geplünderten Stadt bedeutende Kunstschätze mit, u. a. das Vortragekreuz der byzantinischen Kaiser Konstantinus VII. Porphyrogenetos (Vater) und Romanos II. (Sohn), die von 949 bis 959 gemeinsam regierten. Er schenkte die kostbaren Gegenstände überwiegend dem Augustinerinnenorden des Klosters Stubben bei Bremm an der Mosel, in dem seine Schwester Vorsteherin war. Heute befindet sich das wertvolle Kreuzreliquiar im Domschatz zu Limburg a. d. Lahn.

Mitte 50 war Heinrich, als er und seine Rittersfreunde es den Jungen noch mal zeigen wollten und sich am 5. Kreuzzug (1228/1229) beteiligten. Bei der Belagerung von Damiette (am östlichen Nildelta) durch die Türken gerieten sie in die Gefangenschaft der Sarazenen, konnten aber später in die Heimat zurückkehren.

Ob sich die leichte und lockere Lebensweise noch in der Mitte des 14. Jahrhunderts auswirkte, dafür fehlt jeglicher Beweis. Aber die Burgherren traten auf eine unrühmliche Art in Erscheinung. Das erzbischöfliche Lehen schien nicht genügend Ertrag abgeworfen zu haben; man besserte nämlich seine Kasse, genau wie in der Nachbarschaft Daun (siehe dort), mit Straßenraub auf.

In Zusammenwirken der beiden Kurstaaten bereiteten Kurfürst Balduin und sein Kölner Amtskollege Wilhelm von Gennep, der von 1349 bis 1362 Erzbischof war, dem bösartigen Treiben ein schnelles Ende.

Nach dem Aussterben der Haust von Ulmen im 17. Jahrhundert kamen die beiden Burgen sehr herunter. Daran änderten auch die Reparaturarbeiten nach den Zerstörungen des Jahres 1689 nicht viel, die den Verfall kaum aufhalten konnten. Und auch das vom kurtrierischen Schultheiß Martinus Hüls 1615 neu errichtete Amtshaus wurde im Zweiten Weltkrieg ein Opfer des Bombenhagels 1944. Die Ruine ist restauratorisch gesichert und jederzeit zu besichtigen.

Erholungs- und Urlaubstage der alten Zeit,

sind die zahlreichen zum „Meßbuch" verpflichtenden Tage. Das Festverzeichnis aus dem Jahre 1338 des Trierer Erzbischof Balduin von Luxemburg nennt:

Weihnachten und die drei folgenden Tage,
Neujahr,
Epiphanie,
Ostern bis Ostermittwoch,
Himmelfahrt,
Pfingsten bis Pfingstdienstag,
Fronleichnam,
Kreuzauffindung,
Marie Reinigung, Verkündigung und Aufnahme,
Michael, Johannes der Täufer,
sämtliche Apostelfeste,
Maria Magdalena,
Laurentius,
Allerheiligen,
den apostelgleichen Martin
und Katharina.
Hinzu kamen das Kirchweih- und Patronatsfest jeder Pfarr- und Filialkirche.

Diese Feste wurden im Pfarrgottesdienst angekündigt, und an die Dienstherren erging deshalb immer wieder die Mahnung, ihre Knechte und Mägde an den heiligen Tagen nicht zur Arbeit zu zwingen.

(aus: Gottesdienst und Volksglauben im Spätmittelalter, Prof. Dr. Andreas Heinz in Heft 3, Die Geschichte des Bistums Trier)

Wegbeschreibung

Von der Autobahn 48 Koblenz-Trier ist man nach Verlassen der Ausfahrt Nr. 7 fast direkt mitten im Ort.

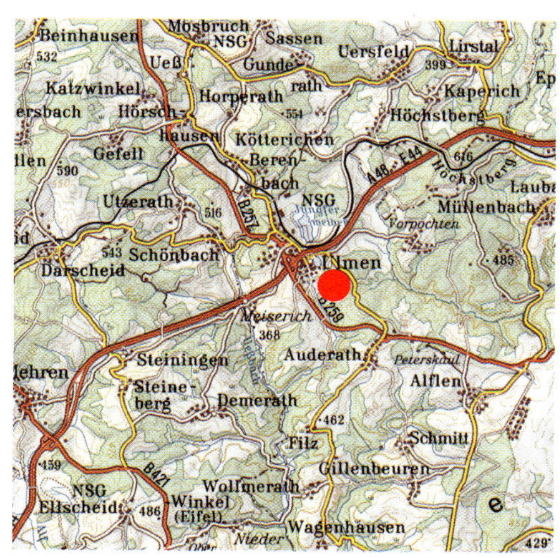

Schloß Vianden

Nahe der Grenze, die im zusammenwachsenden Europa ja keine mehr ist, liegt auf Luxemburger Gebiet das romantische Städtchen Vianden an der Our. Es bezeichnet sich selbst als die „Perle des Ösling" in den Luxemburger Ardennen, ist weit über seine Grenzen hinaus bekannt und besitzt die größte Burganlage des Großherzogtums.
Hier, an den steil abfallenden Felswänden, steht auf einem Plateau von 30 x 85 Metern das Schloß der Grafen, eines für die westdeutsche Geschichte des Mittelalters bedeutsamen Geschlechtes, aus dem das Haus Nassau-Oranien und die niederländische Königsfamilie hervorgingen.
Zu dem großen Herrschaftsbereich gehörten immerhin 136 Dörfer mit weiteren 30 Burgen. Und die Grafen von Vianden zählten lange Zeit zu den größten Konkurrenten des Hauses Luxemburg. Ausgrabungen belegen auf dem Burghügel schon einen befestigten Stützpunkt zur römischen Zeit und später eines karolingischen Refugiums. Auf diesen Fundamenten wurde das Viandener Schloß gebaut und ist, geprägt von den Hohenstaufen, eine der schönsten feudalen Residenzen der romanischen und gotischen Zeit in Europa.
Ein erstes Grafengeschlecht ist 1090 mit Bertolph, Comes (Graf) de Vianne, urkundlich belegt. Schon die Nachfolgegenerationen erreichten bedeutende Macht und unterhielten enge Beziehungen zum deutschen Kaiserhof. So war Graf Heinrich I. (1210-1252) Berater von Kaiser Friedrich II. (ab 1220 deutscher Kaiser) und, wie die Geschichte zeigt, nicht immer zum besten. Er vermählte sich mit Marguerite de Courtenay, deren Vater von 1217-1219 Kaiser des Kreuzfahrerstaates Konstantinopel war. Aus dieser Ehe entstammte auch die legendäre Yolanda von Vianden.
Dann machte er einen weiteren entscheidenden Fehler, der in einer Familienfehde gipfelte. Er hatte das Recht der Erstgeburt verletzt und den Zweitgeborenen Philipp I. (1252-1273), zum Nachfolger eingesetzt. 1264 kerkerte Heinrich II. (als Erstgeborener war er inzwischen herangewachsen) Philipp in der Burg Schönecken (siehe dort) ein. Philipp setzte für seine Freilassung alles in Bewegung, und bot Graf Heinrich V. (1247-1281), dem Blonden von Luxemburg, im Falle seiner Befreiung die ganzen viandischen Besitztümer als Lehen an. Das ließ sich der alte Fuchs, der stets auf Machtausdehnung bedacht war, nicht entgehen, leitete sofort erfolgreich Freilassungsverhandlungen ein, und so geriet Vianden, der langjährige Luxemburger Widersacher, unter Heinrichs V. Lehnsherrschaft.

Besonderheiten

Den Besuchern steht das prunkvolle Schloß ganzjährig ab 10.00 Uhr offen, wobei lediglich die Schließungszeit saisonal unterschiedlich ist. Führungen nur nach schriftlicher Anfrage. Die neubelebten Schauräume zeigen wieder liebevoll zusammengetragene Einrichtungen, Möbel, Rüstungen und Waffen. Die herrlichen Rittersäle der Palasse, die Waffenhalle u. a. eignen sich hervorragend für kulturelle Veranstaltungen. Permanente Ausstellungen vervollkommnen das Bild.

Drei Generationen später wurden die Luxemburger von den Nassauer Grafen abgelöst. Adelheit von Vianden heiratete im Dezember 1331 Otto II. von Nassau-Dillenburg. Um 1345 spalteten sich die Nassauer in zwei Hauptlinien, die ottonische (jüngere) und die walramsche (ältere). Otto war also der Ahnherr des holländischen Königshauses, und das heutige Luxemburger Herrscherhaus geht auf die walramsche Linie zurück. Und ab hier wird europäische Geschichte geschrieben, denn überall in der Politik kommen nun Mitglieder dieser Familien vor.

Nachdem 1538 René (Reinhart) von Nassau die Grafschaft übernommen hatte, vermachte ihm sein Onkel mütterlicherseits, Philibert de Chalon, Oranien nebst dem Titel „Prince d'Orange". Als 1544 René sehr früh verstarb, erbte sein Sohn Wilhelm von Nassau (genannt „der Schweiger") im Alter von elf Jahren das Fürstentum „Orange-Chalon" neben dem ohnehin schon großen Besitz in Luxemburg, Belgien und Holland. Wilhem war lutherisch getauft, trat dann zum Katholizismus über und wurde später Calvinist. Stets rebellierte er gegen Spanien, und so war es auch nicht verwunderlich, daß 1570 der spanische König Philipp II. seine gesamten Güter einzog.

1580 wurde Wilhelm offiziell geächtet, doch der König ließ schon kurze Zeit danach Gnade walten und wählte ihn 1581 zum Präsidenten (in römischer Zeit hätte man Statthalter gesagt) der neugegründeten Republik der Niederlande. Ihn, der immer als unbequem galt und 1584 einem Attentat in Delft zum Opfer fiel, dürfen wir als Begründer der holländischen Oranier-Dynastie ansehen.

Erst 1604 erhielten die Nassauer ihre Güter zurück. Die nun auf höchster Ebene Politik betreibenden Schloßherren ließen Vianden von Amtmännem verwalten. Abgesehen von gelegentlichen Visiten dämmerte das Schloß in den folgenden 200 Jahren in einem Dornröschenschlaf dahin, und damit begann der Zerfall. Vom Zahn der Zeit gezeichnet, wurde es 1820 an einen Viandener Bürger verkauft. Der trieb mit den Baumaterialien Raubbau und veräußerte Dachplatten, Bleiverglasungen, Holzvertäfelungen, Innenausstattung u. a. m..

Schließlich erwarb 1827 der niederländische König Wilhelm, gleichzeitig Großherzog von Luxemburg, die Ruinen der Stammburg seiner Vorfahren wieder zurück, und stellte sie unter Denkmalschutz.

Heute ist Schloß Vianden Staatsbesitz, und nach vorbildlicher Restaurierung sowie geschmackvoller Wiederbelebung der Innenräume zählt das Baudenkmal zu den bedeutendsten Kultstätten Europas.

Merianstich, 1643

Schloß Roth a. d. Our

An der mittelalterlichen Straße, die von Echternach über Bollendorf nach Vianden führt, liegt 3 km vor der Stadt, am linken Ufer der Our, Schloß Roth. Es war eine von drei Kommenden des Templerordens im Erzbistum Trier. Außer in der nachbarlichen Ordenskirche blieben keine Spuren der Templer mehr erhalten, die gerne eng mit den weltlichen Führungen verbunden waren. Der Graf von Vianden förderte die Tempelritter, und das befestigte Haus ist wohl in den 20er Jahren des 13. Jahrhunderts entstanden und scheint außer seinem Verteidigungswert auch als Vorposten der Stadt Vianden eine Rolle gespielt zu haben. Die Templer zählten neben den Johannitern und Deutschherren zu den neuen Gemeinschaften christlicher Ritterorden, die im Gefolge der Kreuzzüge ins Heilige Land entstanden und sich dem Kampf gegen Muslime, der Pflege der Kranken, der Betreuung und dem Schutz der Pilger widmeten. Heute ist in der liebevoll vom Besitzer restaurierten Anlage „Wohnen im Schloß" (wochenweise in Appartements) möglich, und der Innenhof kann, um die herrliche Barockfassade zu betrachten, jederzeit betreten werden.

Wegbeschreibung

Zunächst fährt man über die Ferienstraße Südeifel und die Bundesstraße 50.
Etwa 30 km westlich von der Bierstadt Bitburg wird der Blick unübersehbar auf das Schloß gelenkt. Wer von Luxemburg her anreist, biegt wenige km hinter Diekirch auf die Nationalstraße 17 ab und erreicht nach rund 12 km den mittelalterlichen Ort, der

Virneburg

Blick auf Ort und Burg

Die Burg, Stammsitz der einflußreichen Familie der Grafen von Virneburg, hat manch interessante Persönlichkeit der rheinischen Geschichte hervorgebracht, ehe die Familie im Mannesstamm ausstarb und sie 1546 kurtrierisches Lehen wurde. Das alte pfalzgräfliche Lehen verdankt seinen Namen wohl der Umgebung. Vier Berge umrahmen einen kleineren fünften in ihrer Mitte. Etwa in der Mitte des 11. Jahrhunderts wurde erstmals ein Bern von Virneburg erwähnt. Schon hundert Jahre später gab es unter den vielen kleinen Eifeldynasten kaum eine Familie, die nicht mit den Virneburgern verwandt war.
Die Blütezeit des Grafenhauses aber lag im 13. und 14. Jahrhundert. Nach und nach erwarben die Grafen zahlreiche Vogteien und brachten dies auch bei der

Gestaltung des Wappens zum Ausdruck: sieben rote Rauten auf goldenem Feld. Im 14. Jahrhundert stellte das Grafengeschlecht der Virneburger drei bekannte Bischöfe.
Heinrich II. von Virneburg, geboren 1244 (oder gar erst 1246), kam 1306 auf den Stuhl des Erzbischofs von Köln, den er bis 1332 bekleidete. Sein gleichnamiger Neffe wurde Bischof von Mainz und hatte das Amt von 1328-1346 inne, während Johann von Virneburg 1363-1364 Bischof von Münster und 1364-1371 Bischof von Utrecht war. Stets war man um das Wohlwollen der Großdynasten bemüht und wollte es sich mit keinem verderben. Das zeigt auch die Handlungsweise Bischof Heinrichs, als er 1309 in Aachen Heinrich VII. (1277-1313) aus dem Hause Lützelburg (Luxemburg) zum deutschen König und einige Jahre später, 1314, in Bonn Gegenkönig Friedrich III. (1328-1330) den Schönen krönte.

Die Nürburg verlieh auch dem Ort ihren

Es war schwierig genug, sein kleines Ländchen zwischen Kurtrier und Kurköln zu halten. Reibereien blieben nicht aus und wurden sicherlich (wenn auch nicht offen) noch von den mächtigen Kurfürsten gefördert. Mit dem mannigfaltigen Erwerb hatte man sich, wie viele andere Adelige auch, erheblich verschuldet. Wohl auch ein überzogener Lebenswandel trug mit dazu bei.
Und so lieh man sich das Geld vornehmlich bei Juden und verpfändete Teile des Besitzes. Für Darlehen waren Zinsen zu zahlen, die man auch heute nicht als „christlich" bezeichnen würde. Der schon 1255 vom „Rheinischen Bund" festgelegte Jahreszins von 43,33 Prozent galt in erster Linie für Verzugszinsen. Üblich waren meist 10 % oder mehr.
Schon wegen der hohen Risiken und der starken finanziellen Belastung durch den Erzbischof (er hielt noch extra die Hand auf) waren die Juden auf hohe Zinserträge angewiesen, und man muß dies natürlich auch noch im Verhältnis zur herrschenden Inflation sehen. Pogrome blieben daher nicht aus. Und weil man für existentielle Gefährdung Sündenböcke brauchte, mußten oft die Juden dafür herhalten, weshalb man sie immer wieder in ihrer Geschichte des Landes verwies. Erzbischof und Kurfürst Balduin von Trier löste mit einem Vertrag, den er am 9. Juni 1339 mit dem armen Grafen schloß, dessen Schulden ab und erhielt dafür die gesamten Virneburger Besitzungen.
1545 starben die Grafen im Mannesstamme aus, und es folgte der Schwiegersohn, Graf von Manderscheid-Schleiden. Er versuchte den lutherischen Glauben in die Herrschaft einzuführen, was zu Auseinandersetzungen mit Kurtrier führte, diente doch die Virneburg als Stützpunkt der Gegenreformation im Westen.
Nach 1600 kamen die Grafen von Löwenstein-Wertheim (am Main), nach denen die Burg ihren zweiten namen „Löwenstein" erhielt. Zwar bemühten sich deren dort wohnende Amtmänner redlich um die Erhaltung der Burg, beklagten aber den schleichenden Verfall. Gab es 1605 noch zwölf bewohnte Räume, so nutzten alle Anstrengungen nichts, denn 1689 widerstand nur wenig der Zerstörungswut französischer Truppen.
Der rheinische Verein für Denkmalpflege und Heimatschutz hat die Burg schon Anfang dieses Jahrhunderts erworben, und die in den letzten Jahren durchgeführten Sicherungsarbeiten der eindrucksvollen Ruinenreste zeigen nur noch einen schwachen Abglanz dessen, was hier einst vorhanden war.

Nürburg

Mit 678 m ist der „mons nore" (schwarzer Berg) einer der höchsten Berge der Eifel, auf dessen Gipfel sich weithin sichtbar die Nürburg erhebt, die seit dem Jahr 1927, als erstmals auf der gleichnamigen Rennstrecke rundum die Motoren heulten, weltbekannt ist.
Graf Ulrich von Are, aus dem Geschlecht der Ahrgaugrafen, baute um die Mitte des 12. Jahrhunderts für den zu seiner Grafschaft gehörenden Herrenhof Adenau hier auf dem Nor- bzw. Nürberg eine Fluchtburg.
1290 starb das Nürburger Grafengeschlecht aus, und die Burg kam an das Erzstift Köln. Die Burg wurde nun Amtssitz und zum Mittelpunkt des früheren Herrschaftsbereiches. Dabei hatte der nur wenige Kilometer entfernt sitzende Graf Ruprecht von Virneburg geglaubt, hier böte sich eine willkommene Gelegenheit, sein Gebiet zu vergrößern – allerdings vergeblich.
Die meisten der als Burggrafen eingesetzten Amtmänner waren mehr auf ihren Vorteil als auf die Erhaltung der Burg bedacht. Daher muß die Burg schon in einem jammervollen Zustand gewesen sein, als 1689 die französischen Truppen die Zerstörung vervollständigten. Seit Anfang des 19. Jahrhunderts ist die Burg in Staatsbesitz, und die umfangreichen Wiederherstellungsarbeiten verhelfen der Phantasie zu soviel Vorstellungskraft, als sei das Mittelalter gerade eben beendet.

Wegbeschreibung

Auf der Mitte der Strecke von Mayen zum Nürburgring liegen der Ort und seine mächtige Burgruine an der Bundesstraße 258.
Und ausreichende und ausgezeichnete Gastronomie mit Übernachtungsmöglichkeiten finden sich wohl nicht nur wegen der Burg, sondern mehr noch wegen des Anziehungspunktes „RING", denn bis zur „Döttinger Höhe" an der Rennstrecke sind es gerade mal 10 Kilometer.

Literaturverzeichnis

Angelika Meyer, Schloß Monaise, Trier 1997

Emil Zenz, Geschichte der Stadt Trier im 19. Jahrhundert, 2, Trier 1980

Francoise Ignace Mangin und die Baukunst des französischen Klassizismus, in Mainzer Zeitschrift, 76 Jg., 1981, S. 125-144, bearbeitet von Helmut Lutz

Albert Pfeiffer, Wilderich Graf von Walderdorff: Der Christliche Pilger 63, 1910

Haufs-Brusberg, Balduins Burgen: eine Reise in die kurtrierische Vergangenheit, 1997

Richard Schaffner, Geschichte Burg Ramstein

Magnus Backes, Burgen und Stadtwehren der Eifel, Neuwied 1961

Karl Emmerich Krämer, Von Burg zu Burg durch die Eifel, Düsseldorf 1976

Robert Legrand, Burgen u. Schlösser der Eifel,

Johann Leonardy, Geschichte des Trierischen Landes und Volkes, 1877

Anton u. Haverkamp, Trier im Mittelalter, 1996

Eifelverein Schriftenreihe „Die schöne Eifel", Ausg. Vulkaneifel um Manderscheid, 1988

Eifelverein, Jahrbuch des Kreises Düren 1987

Werner Bornheim, gen. Schilling, Rheinische Höhenburgen, Neuss 1963

Anton Fahne, Geschichte der kölnischen, jülischen und bergischen Geschlechter in Stammtafeln, Wappen, Siegeln u. Urkunden, Nachdruck Osnabrück 1966

Magnus Backes, Burgen und Schlösser in Rheinland-Pfalz, Heft 7, Mainz 1993

E. Karg-Gasterstädt/T. Frings, Althochdeutsche Wörterbuch, Berlin 1968

Hans Gappenach, Genealogisches Handbuch des Adels, Glücksburg seit 1951, ab 1858 Limburg

Georg Dehio, Handbuch der deutschen Kunstdenkmäler Rheinland-Pfalz/Saarland, bearbeitet von Hans Caspary, Wolfgang Götz und Ekkehard Klinge, München 1972

Curt Tillman, Lexikon der deutschen Burgen und Schlösser, 4 Bände, Stuttgart 1958

M. Losse, Burgen und Schlösser, 38 Jg. Heft 1997/II, S. 74 ff.

W. Altendorf, Karl I. - der Große, geboren zu Mürlenbach, Altendorf-Kulturstiftung Freudenstadt o. J. (1995)

Roger Bour, Luxemburgisches in Lothringen, Ardennen und Eifel, Lamadelaine 1985

Karl Müller, Beschreibung der Burg Monreal, 1998

Rheinischer Verein für Denkmalpflege, Rheinische Kunststätten, Heft 73, Köln 1978, Heft 233, Köln 1980, Heft 236, Köln 1983, Heft 351, Köln 1990

Paul Clemen, Die Kunstdenkmäler der Rheinprovinz, Düsseldorf 1927

Ernst Wackenroder, Die Kunstdenkmäler des Kreises Bitburg, Düsseldorf 1927

Ernst Wackenroder, Die Kunstdenkmäler des Kreise Daun, Düsseldorf 1928

Hohe Domkirche Köln, Die Erzbischöfe von Köln und ihre Ruhestätten, Köln 1995

H.Welters u. H.Lobeck,
KLEINE ILLUSTRIERTE GESCHICHTE DER STADT KÖLN, 1958

C.Dietmar und W. Jung, Kleine illustrierte Geschichte der Stadt Köln, 1996

A.Meyer, Alte Burgen des Dürener und Jülicher Landes, Düren 1935

Hermann Rehm, Düren - Nideggen und das untere Rurtal, Monschau 1888

Aegidius Müller, Beiträge zur Geschichte des Herzogthums Jülich, Bd. II, Bochum 1868

K. Weidemann, Vlatten-Abenden-Heimbach-Nideggen.
Eine Königsgutlandschaft im frühen und hohen Mittelalter, in: Führer zu vor- und frühgeschichtlichen Denkmälern Bd. 26 Mainz 1974

Stadt Stolberg, Stolberg wie es einst war. 1981